This Book Offers Free Bonus Puzzles

Available Here:

BestActivityBooks.com/WSBONUS20

5 TIPS TO START!

1) HOW TO SOLVE

The Puzzles are in a Classic Format:

- Words are hidden without breaks (no spaces, dashes, ...)
- Orientation: Forward & Backward, Up & Down or in Diagonal (can be in both directions)
- Words can overlap or cross each other

2) LEVEL UP THE GAME!

A space is provided next to each word to write new ones, translations or notes. We also offer a convenient **NOTEBOOK** at the end of this edition. It can help you organize your annotations, new words and/or observations.

3) TAG YOUR WORDS

Have you tried using a tag system? For example, you could mark the words which have been difficult to find with a cross, the ones you loved with a star, new words with a triangle, rare words with a diamond and so on...

4) EASY TO CUT!

The Puzzles come with an Extra Large margin to easily cut the page out of the book. Some people may feel it more convenient to solve them this way.

5) FINISHED?

Go to the bonus section: **MONSTER CHALLENGE** to find a free game offered at the end of this edition!

Want **more fun** and activities to **relax? It's Fast and Simple!** An entire Game Book Collection **just one click away!**

Find your next challenge at:

BestActivityBooks.com/MyNextWordSearch

Ready, Set... Go!

Did you know there are around 7,000 different languages in the world? Words are precious.

We love languages and have been working hard to make the highest quality books for you. Our ingredients?

One part easy-to-read print, three parts entertainment, then we add some challenging words and a pinch of rare ones. We brew them with care to serve you lots of fun and an opportunity to solve the best puzzles.

Your feedback is essential. You can be an active participant in the success of this book by leaving us a review. Tell us what you liked most in this edition!

Here is a short link which will take you to your Amazon orders review page.

BestBooksActivity.com/Review50

Thanks for your fidelity and enjoy the Game!

Puzzle 1

ן	ב	י	ש	ש	ת	מ	ג	מ	י	ב	ט	מ	ָ	ו
ו	פ	ר	י	ת	י	ס	י	ם	ו	ק	מ	ב	ד	ב
ם	ר	א	ו	ו	ש	פ	ל	ו	י	מ	מ	ו	צ	ר
נ	ב	א	נ	ו	ק	ר	ו	ד	א	ש	ח	נ	ט	מ
ם	י	ח	ן	ל	ז	י	י	א	ת	מ	ת	ה	ה	ז
ה	נ	ו	ע	ז	ו	ת	ד	צ	י	ו	ע	נ	ל	ה
ל	ק	א	ע	צ	מ	י	ו	י	נ	ח	צ	י	א	נ
ו	ש	ו	מ	ו	צ	ל	ח	ת	ג	ח	פ	י	ש	פ
ו	ה	ל	מ	ו	י	ם	ן	ו	ב	ה	נ	ה	מ	ו
ב	ל	נ	י	ע	ד	ו	י	ד	ל	ג	ה	ת	ג	צ
ס	ל	י	ר	ח	י	ו	ס	ת	י	א	ד	ס	ו	ר
ל	א	מ	מ	ם	ל	ש	ה	ו	ו	ו	מ	ר	ו	ת
מ	ב	ו	ב	מ	י	י	ע	ד	ב	ל	ר	מ	ו	ה
ן	נ	ל	ט	ח	מ	י	ה	נ	ר	ח	ט	א	ן	ו

מומחה	עצמי
במקום	זהה
יודע	ילידי
תהיינה	מספרי
גילוי	נחש
מוצר	הנועזות
ירחי	שלם
שווא	ברווז
משאלה	אדום
מוצלחת	עמוקה

Puzzle 2

צ	נ	ו	א	ט	ב	י	י	ש	נ	י	ת	ם	י	פ
כ	ת	נ	ו	ו	ל	ת	ן	ל	ו	ר	י	ם	ל	ו
ל	נ	מ	נ	ר	ו	ז	ג	ו	ר	ב	ז	פ	ת	ג
ב	ת	ב	ת	מ	ם	ל	י	ג	ר	ת	ל	ג	ש	ו
ע	ו	ר	ג	ה	ן	ב	ו	מ	כ	ו	ה	ד	פ	נ
ע	י	ג	ת	ב	ד	ה	פ	נ	י	מ	ש	ל	ח	ט
נ	נ	ע	י	ק	ר	י	ת	ו	ס	כ	י	ו	מ	כ
ה	מ	ו	ב	ט	ה	ש	י	ו	ס	ל	מ	ו	נ	י
ת	ח	ל	ב	מ	ר	י	ל	ע	ו	י	ו	ה	ו	ר
מ	ת	י	ח	ו	ש	א	ג	ו	ו	ר	ת	א	ם	ר
ל	ר	ז	ר	כ	ן	ן	נ	פ	ת	ר	ר	נ	ר	ת
י	ב	ד	י	ו	ק	ל	א	ו	מ	ב	ר	כ	ר	מ
ו	ם	ש	א	ר	י	ע	ה	ן	מ	מ	כ	ו	ס	א
א	ן	כ	י	כ	ר	ה	ג	ר	נ	נ	י	ה	ב	ר

בלום
ביישנית
טור
תרגיל
משלח
עיקרית
פגז
רבה
רחב
ברוגז

מחפשת
חמניות
אישי
פלפל
מחויב
כמובן
הגרוע
בבית
אנגלית
אשם

Puzzle 3

נ	נ	ק	ל	ד	ת	ג	ל	ו	א	ן	ע	ו	ת	ש
ו	ר	ו	ש	כ	ע	ר	ו	י	ש	א	ר	ב	פ	ר
ד	נ	ר	ס	נ	פ	ג	כ	ר	ה	ק	ז	ח	צ	י
ה	ד	מ	ב	ר	ד	י	ר	י	ה	צ	ה	ל	ד	א
כ	ע	ד	ד	ל	מ	ר	ש	א	ד	מ	ב	ק	י	ת
ר	ו	י	ב	פ	ס	י	ק	ה	ג	צ	ו	ם	ל	ה
ג	ל	ד	ב	ן	ה	ב	י	ת	כ	מ	ג	ו	ו	א
ע	ו	ת	ב	ו	ל	ה	י	ד	א	ש	ת	מ	ה	נ
ה	כ	ל	ם	י	י	כ	צ	מ	ו	ך	ג	ל	ו	א
ל	ל	ה	ט	ע	מ	כ	ר	י	נ	ז	ו	י	ו	ח
מ	כ	ס	מ	פ	י	ם	ר	ע	י	פ	ו	ה	ל	מ
ב	ל	י	ב	י	א	ת	ו	כ	מ	ס	ל	ד	ב	ה
ו	ת	ח	ל	ו	כ	מ	ו	ת	ו	ק	י	ר	ל	ו
א	ל	ל	ו	ת	ק	כ	ו	ו	ג	א	ה	ם	י	י

מוקד
כלכלת
להופיע
ליד
הבדל
כתיבה
קשר
גרגיר
להסיח
סמכות

מדידת
פסיקה
להצהיר
כמעט
חזקה
אצבע
נהמת
כרגע
מאמר
ריקות

Puzzle 4

ד	א	ל	א	ג	ש	ו	ד	ח	מ	א	ר	ש	ד	מ
ע	ד	מ	י	ק	ר	פ	ו	ד	ם	ו	י	ב	ה	ו
ד	ה	נ	נ	מ	ש	ו	ל	פ	ך	כ	ד	ב	י	ע
ף	פ	ר	ט	ש	י	ד	ו	ר	ת	ה	ב	א	ת	ד
ק	ש	ב	ר	א	ב	צ	ה	ו	א	ש	ב	ש	פ	י
י	א	נ	א	א	ל	ל	ע	י	ג	ו	ף	ת	צ	ע
י	ג	ת	ק	ו	ב	ח	י	ט	מ	י	ו	ו	ר	ב
ם	ו	ש	צ	ק	א	ת	ס	צ	צ	ד	ג	צ	א	צ
ר	ז	ל	י	ו	י	י	נ	מ	ו	ר	ב	י	מ	פ
א	ס	ה	ה	ת	י	ס	ח	י	ר	ר	ב	ר	ש	ה
ב	ג	ה	כ	מ	ר	ק	ח	מ	ך	ה	פ	ו	נ	ת
ח	ר	ח	י	ת	ב	נ	מ	מ	ר	מ	פ	ב	ר	א
ב	ה	ס	ר	פ	ג	מ	ר	ג	מ	ו	צ	ע	ו	ו
ו	נ	ת	צ	צ	ד	ל	נ	ב	ו	ת	ק	ר	ס	ג

גוף
מתוק
צוואר
נסיעה
מחק
קבל
שלה
רדיו
צריכה
אגוז

תנופה
צורך
צלחת
יחסי
ליצור
שידור
אשתו
מועד
קיים
אינטראקציה

Puzzle 5

י	ן	ה	א	נ	ו	ז	ל	ה	נ	ו	ד	ו	ד	מ
מ	ו	י	מ	ו	מ	י	מ	ב	ת	י	נ	ה	ח	א
פ	ת	ל	ת	ל	ב	ש	ע	ל	ו	ב	מ	ש	י	י
ג	ש	מ	י	ם	ו	כ	ו	ו	י	ס	ב	ב	ע	ו
י	ל	ר	א	ע	ל	ח	ה	מ	ס	פ	ר	מ	ל	ת
ה	א	א	מ	י		ו	ע	ל	ו	ל	ח	ו	ט	ש
מ	מ	ם	צ	פ	ש	ל	ר	ש	פ	ש	נ	מ	ל	ו
ו	ץ	ל	ע	י	ל	ל	פ	ב	י	נ	ר	ל	ו	ח
ו	פ	ר	ת	ם	ם	ר	ה	ת	ט	ה	מ	ב	ו	ח
ל	א	ג	ת	א	י	ו	ת	א	ה	א	ד	ו	ר	ו
ת	ם	ל	ק	ו	מ	ק	ע	ע	ד	ו	כ	ה	ט	ן
ל	ש	נ	ו	י	ל	א	נ	פ	ם	ד	ש	י	ד	פ
ל	ל	ו	ר	נ	מ	ו	ת	ג	א	א	ו	ח	כ	נ
ו	ט	ח	פ	ב	ו	ן	ב	ו	כ	י	ו	ל	ם	ע

שטוח
שילוב
הטיפוסיות
לנוח
יחד
לעיל
סובל
לשבת
לשנה
המספר

גשמים
כחול
המשועמם
עצמאית
איות
הפרעה
נוזל
עלוב
לאמץ
מחשב

Puzzle 6

ה	ש	ק	ב	ב	ת	ב	ר	ע	ז	ו	ר	צ	ע	מ
י	י	ד	ט	ו	ס	ב	ו	ן	י	א	ו	פ	ר	ו
ו	ו	ה	י	י	ס	נ	כ	ה	צ	ו	ל	ו	ר	כ
ם	ח	ר	ט	ב	מ	ב	ל	צ	ע	ה	ק	ב	ח	מ
ו	ח	נ	מ	מ	ל	ד	ו	נ	פ	ב	ו	ו	א	מ
א	ר	ך	ב	ש	ל	ה	ו	א	י	ו	ו	פ	ח	ב
ל	י	מ	ו	ן	ה	ס	ג	ו	ל	ו	ף	ו	א	מ
מ	כ	ע	ס	ו	ל	ם	ל	ו	א	ע	י	ל	ו	ה
מ	ע	ש	י	ן	צ	ר	ו	ס	מ	ע	ו	ו	י	ל
ד	ס	ס	ע	ש	ל	ז	ד	ג	נ	ת	ו	ד	א	ה
ח	נ	ו	מ	ב	ש	ו	נ	כ	ת	ש	ו	ב	ת	ג
ל	ה	פ	ג	י	ן	ו	ד	פ	פ	פ	ל	ן	כ	ו
א	ו	ט	ו	ר	ף	א	ס	ד	ס	ו	ו	ט	ח	ה
ב	ת	י	ח	כ	ט	כ	פ	ו	ח	ח	ן	מ	ע	ת

ערבת
למטה
חופשת
במבט
זרם
רפואי
לימון
סולם
היום
הסגול

להפגין
הכנסייה
מעצרו
אולם
אחריות
בבקשה
חבקה
תשובת
צפוף
ואוהב

Puzzle 7

ר	כ	ה	מ	ש	ק	ל	ת	ד	מ	ב	ר	פ	נ	ח
ח	י	ס	ד	ו	ה	מ	מ	ק	ת	ם	ו	ק	מ	מ
א	ס	י	פ	ר	ו	ל	נ	י	ו	ח	ת	א	ג	א
ת	ג	ב	ח	ס	י	פ	ש	ם	ז	י	י	מ	מ	נ
י	ס	י	ו	א	ב	נ	ל	ו	ח	כ	מ	מ	כ	מ
ת	ב	ק	ו	ר	א	י	ם	ה	ר	ר	מ	ח	צ	י
נ	ה	מ	י	ב	ו	צ	י	ע	ה	י	ד	נ	ד	ג
ם	ה	י	ת	ו	י	פ	י	צ	ו	ה	צ	ג	ס	ו
כ	ק	נ	ס	ו	כ	ג	ל	ג	ל	ת	ב	ו	א	ן
ו	ג	ת	י	ט	מ	ו	ס	מ	ד	ר	ן	ד	ב	י
ע	ה	מ	פ	ח	ל	י	כ	מ	ת	ר	ף	י	י	ע
ר	ב	ן	ו	ה	ח	ם	ג	ט	ו	פ	ו	ת	ו	ש
ו	י	צ	ן	י	א	ש	נ	מ	ס	ב	ר	י	ב	ג
ם	ו	ח	ת	ש	ל	ז	ה	ו	ת	ב	ו	ר	ע	ת

מכחול
חום
דקים
לפני
סיפר
ממקום
קוראים
רכה
עיצוב
המשקל

גלגל
ציפיותיהם
לזהות
תערובת
צמיחת
עייף
הולדתו
להרחיב
נכחדה
מכיל

Puzzle 8

נ	ו	ו	מ	ו	ל	ח	ץ	ש	א	י	ם	ב	ו	ה
פ	א	ף	י	ז	ש	ת	ם	פ	ד	מ	י	א	א	ז
ח	ה	ג	ש	ר	ב	ה	כ	ל	ר	ת	ס	פ	ק	מ
ת	ו	מ	ה	ת	ע	ן	מ	ם	מ	ה	נ	ו	ת	ח
ן	ו	ע	ו	י	ב	ש	י	ת	ם	א	נ	ק	ר	מ
מ	נ	ג	ח	פ	פ	ר	ע	ל	ו	מ	נ	ס	ב	ר
ו	ד	מ	ב	ט	י	ח	י	ם	מ	כ	ש	ל	ח	ו
ל	ן	ד	ק	ש	י	ת	א	י	ב	ע	ך	ט	ש	ס
ן	פ	ו	צ	ו	ח	ס	מ	כ	ס	ק	ר	ן	ד	ה
כ	ת	פ	י	א	ב	ל	ד	ס	י	א	ו	ו	ו	א
ה	א	פ	ש	ר	ו	ת	ָ	מ	ל	ו	א	ק	ו	ט
ג	ר	ו	ו	ה	א	ח	ר	ו	נ	ה	צ	י	פ	א
ב	ת	ב	ל	פ	מ	ו	ה	ג	פ	ו	מ	ת	מ	ה
ו	ה	א	ב	ל	ה	צ	ת	ח	ב	ע	ג	ה	ו	ן

התראת
שזיף
לחשב
כמו
לחץ
מבטיחים
מאה
מגע
טלסקופ
מסכים

סקרן
מישהו
אורך
האפשרות
האחרונה
חברת
תיקון
נאום
למשפט
חתונה

Puzzle 9

נ	ם	ה	מ	ח	ל	א	ב	ל	י	ה	מ	ן	ר	ל
ד	ר	ו	א	ש	ב	ח	ו	ש	נ	א	ו	ת	מ	ד
צ	י	א	ר	י	ל	ו	ס	פ	ן	ו	ז	ח	ה	ת
י	ב	ח	ה	צ	י	פ	א	ו	פ	מ	ר	ו	ל	א
ש	א	כ	י	ו	י	ה	ז	ה	ב	ע	ר	ר	א	י
ב	ר	ל	ה	א	ה	ו	פ	כ	ע	מ	נ	א	י	ל
ב	ג	ו	ב	ה	ו	ם	ך	א	ו	י	ת	ה	ע	ל
י	נ	י	ח	ר	ג	ה	ל	פ	נ	ו	ק	מ	ש	י
ח	ה	ז	ב	ה	ל	ה	ב	ר	נ	ע	ו	ש	ר	א
כ	ב	ה	מ	כ	ו	נ	י	ת	ל	א	ה	מ	ו	א
ת	ט	י	ש	ח	ל	ק	י	ק	י	ם	ר	ש	נ	י
כ	ח	כ	ב	ו	ב	ר	ט	י	ס	ג	ת	מ	י	י
ל	ה	י	ד	ו	ו	א	י	י	ג	ו	ן	ש	א	ה
י	ר	ג	י	י	ו	א	ק	ן	ה	נ	ק	א	ם	א

אומה
שקיעה
חלקיקים
פיצה
חזון
יניח
מכונית
שבדי
עשרוני
להגר

הברווזון
אור
נראה
כלי
כרטיס
הבטחה
ארוחת
בגובה
המשמש
אביר

Puzzle 10

ע פ ע ו פ ש מ ת נ ה פ ח י ד ה

א נ ח ע ו ה ט ו י מ ת ם ם ן א

מ ש פ ה ם ש כ ח ב כ ש ב מ ד ר

ו מ ח א ד ו ר פ י ו כ ו ד ב ע

ז ל פ ק ע ד ל ש כ ס מ ן ב א ת

מ ב ה ל פ ש ק מ ף ה א ו ה ל י

ו ק כ י ת ו ל ו ד ג ו ט נ ו ל

ג ח ר ם ר י ח ש מ צ ו ו ו ד ת

ע ן מ ב ו ה א ר ה ל א ח ר ו ן

י ר נ מ ע · נ ו י ר ב י צ א ס

ש ר ב ב ד מ י י ת ב ע ו ף כ ט

ל ה ש ת ת ף ו ת ר ל ר ו ס ד י

א ו פ נ י מ ב ח י ל צ ו ק ר מ

מ ת ע ס ג ת ם ד מ ר ך א ע י צ

אהוב
אוהל
המכוסה
מושבע
סכסוך
גדולות
משפחות
לאחר
אופני
הפחידה

ללבוש
להשתתף
מתנה
מדף
נטו
בשפע
עוף
היתר
רצף
האקלים

Puzzle 11

ב	ת	נ	ל	ה	ת	א	ב	ז	ע	ס	ס	ת	א	נ
ג	ת	ר	י	י	מ	י	כ	מ	כ	נ	ע	נ	ד	י
ש	ק	ב	י	י	י	ט	ב	פ	ר	ו	י	ק	ט	י
ה	ָ	א	צ	ח	ש	פ	ה	ו	ח	כ	א	ס	ל	ר
ש	ח	י	א	ר	מ	י	ר	ב	ו	ת	ת	פ	ו	ו
ו	ר	ס	פ	ר	מ	ל	ל	ה	ע	פ	י	ל	א	ק
ר	ב	ר	ט	א	נ	א	נ	ע	ד	ש	מ	מ	צ	ד
מ	ל	ט	ו	י	ד	כ	ת	ב	ו	י	ר	ג	ו	כ
י	ס	ן	י	פ	ק	ת	ש	י	צ	ת	ה	ה	·	
ח	ל	ה	צ	מ	ל	ו	א	ד	ר	ג	ל	י	ל	ע
כ	ד	ו	מ	ב	פ	ל	ס	ע	צ	ו	ב	ג	ל	נ
ל	ל	ב	י	ל	כ	ב	ב	מ	ח	א	פ	י	ו	מ
ע	ח	י	ד	ב	ח	צ	ו	ל	ל	ס	ד	מ	ב	י
נ	א	ב	ה	ק	ו	פ	ר	נ	פ	ג	ש	י	ת	ד

בכלא
בלוק
היי
לייצא
בפרויקט
עזב
טיפוס
רגל
שחי
להעפיל

סרטן
משימת
תרמית
חייב
שבעה
ירוק
אליפטי
עצוב
בוהן
נפגשי

Puzzle 12

נ	נ	ל	ת	ם	ש	ה	א	מ	ה	ס	כ	ם	ק	נ
מ	מ	ל	י	י	ר	ש	ל	נ	ק	ת	ד	ק	ו	כ
ל	א	ו	ח	י	ש	ס	ק	ו	ב	מ	ם	ל	מ	ת
ת	ל	מ	כ	א	ר	ג	ט	ע	ר	ע	פ	י	ק	ב
ת	ה	ב	ו	ב	פ	ג	ר	ו	ש	ג	ב	פ	ו	ש
ל	ה	ד	נ	צ	ר	ס	ו	ב	ו	ל	ג	י	ם	פ
ס	ג	ף	ה	ב	ף	ו	נ	ל	ב	ח	ק	ם	ר	י
ש	ב	ו	ש	ו	מ	ק	י	נ	י	ח	ו	ש	ג	י
כ	ו	מ	ל	ת	ו	ד	ר	פ	נ	ל	ג	נ	ש	ה
ח	ה	נ	כ	ו	נ	נ	ר	ח	א	י	א	ו	ם	מ
ד	ה	ר	ח	ר	א	ס	א	ו	ר	ד	ג	ש	ו	ר
מ	ע	ת	ה	פ	ב	א	ד	ו	ע	ה	ן	ם	ו	ע
מ	א	ז	ו	נ	י	ו	ק	ל	ש	ש	ש	מ	י	א
י	ג	מ	נ	ל	ב	ל	מ	כ	ש	מ	ו	ע	ח	ת

הגבוהה
לידה
מנוע
גשם
בכירה
הנוכחי
קליפים
צבאיים
אלקטרוני
להמחיש

הסכם
קומקום
מערכת
שרפרף
נפרדות
נכתב
פרות
ניחוש
נמלת
גלובוס

Puzzle 13

י	נ	ת	ו	מ	ו	ל	ע	ן	מ	נ	פ	מ	ו	ע
צ	ר	ת	מ	י	כ	ר	ל	ע	ר	ק	ב	א	ח	ד
ה	י	פ	ו	פ	ו	ט	ם	ב	ח	ו	ר	א	ו	י
ר	ל	י	ח	ל	ן	ר	ו	ה	מ	ט	ב	ח	ה	י
י	ו	כ	פ	ג	ק	נ	מ	ל	ק	ר	ו	א	ל	ן
פ	י	י	י	צ	ו	פ	ת	צ	מ	א	מ	ד	ש	ו
ו	פ	ה	ק	ע	ר	ת	ל	י	פ	י	ה	ע	מ	מ
ס	א	י	פ	ץ	ל	ת	ו	ע	ו	ה	ש	י	מ	ש
נ	מ	ש	א	ה	ת	כ	ג	כ	ג	ן	י	ה	ב	ר
י	ז	ן	ט	מ	א	ו	נ	ב	א	ע	כ	ט	ת	ל
א	ב	ח	ק	י	ד	ף	ר	י	ב	ש	ח	צ	ו	י
י	ב	ז	ה	י	ר	ו	ת	ש	ו	ו	ת	ח	מ	ו
ר	ח	א	ן	ע	י	כ	ש	ת	נ	ה	ב	ד	ן	ו
א	ר	ו	ב	ז	א	ך	פ	נ	י	ד	י	מ	ד	נ

קערת
סופי
ממשלה
לקפל
בזהירות
הישן
עדיין
תכוף
שמישהו
לרוקן

צהרי
היפופוטם
אזכור
לקרוא
מאמצת
תרנגול
עכביש
מטבח
מפרץ
משאב

Puzzle 14

י	ל	ו	ל	ר	ר	י	מ	מ	ב	ו	ע	ה	ה	פ
ד	ש	ע	א	ש	ם	נ	ה	ו	ם	ש	ל	ע	ב	ב
ל	מ	ק	ר	ה	ת	י	כ	ב	ו	ו	י	מ	י	נ
י	ש	ד	ב	ע	א	ה	ר	ק	ש	פ	פ	ו	ר	ע
ו	·	ף	ל	י	מ	ג	נ	ת	נ	ה	ש	ר	נ	י
ג	ה	נ	ל	ל	ב	ק	פ	נ	ל	מ	ש	מ	ש	ן
ר	פ	כ	ה	ח	ה	ו	ג	ת	ל	נ	ט	י	ו	צ
ב	ר	מ	ת	ר	ז	מ	א	מ	ר	י	י	נ	ח	ש
מ	ו	פ	ם	נ	כ	ו	פ	ה	ע	ס	ח	ל	ו	י
ב	מ	י	ו	ח	ד	מ	ת	ב	ח	ל	ק	מ	ת	ת
ם	מ	כ	כ	א	ן	י	י	נ	ע	ה	ו	ר	ה	א
ב	י	ר	ס	ף	ם	מ	ש	ד	ו	נ	כ	ג	ו	ו
נ	א	ו	ה	י	ש	י	י	י	פ	י	צ	פ	ס	י
ש	ד	ת	ד	ו	ק	נ	ש	ל	ת	פ	ס	א	ל	כ

שישית
מאמרי
חלקה
ספציפי
העניין
שטיח
הסכום
גרב
בכיתה
לחזות

מקרה
סגול
במיוחד
תורכי
נקודת
נהג
הורה
בהמתנת
שמש
הכפר

Puzzle 15

י	א	ת	א	ד	י	י	ש	ל	ל	ש	פ	ל	מ	ע
ת	מ	ה	י	ר	ו	ת	ז	ו	כ	כ	ת	ג	מ	ב
ח	מ	ו	ס	ב	נ	מ	ל	י	ה	ו	י	ע	א	ו
ו	פ	ע	פ	ק	ו	מ	א	ט	ל	ד	ר	ו	ו	ד
ו	ס	ר	ו	ו	ף	י	פ	ב	י	ק	ו	ש	ו	ד
מ	ה	י	ק	ב	ל	מ	ש	ר	מ	נ	ו	ע	ר	ן
ב	כ	ה	מ	ר	כ	ז	ר	ק	נ	ש	א	ת	מ	י
מ	ו	א	מ	ח	ס	ו	ר	ת	ע	ו	צ	ר	ד	ן
ג	ר	י	ו	ו	י	ר	ט	ה	ו	א	י	כ	ו	ת
י	ג	ר	ן	ו	א	צ	ט	ל	מ	י	ה	ל	ת	ו
ר	ב	ה	כ	ע	ו	ל	ו	ש	נ	מ	ב	ח	ט	ט
ת	מ	ה	ח	כ	ח	ד	ן	נ	ע	י	א	ו	ו	ו
ח	ד	ו	ו	ל	ע	צ	ו	ז	י	נ	פ	ת	ה	ר
י	א	ד	ב	פ	י	נ	ת	ו	ן	ת	נ	ו	נ	פ

במגירת
מרכז
לאפשר
בפינת
טיול
מזל
נוף
להימלט
חיצונית
הטרי

מהירות
להתקרב
ביקוש
פרוטות
חמוס
לכיוון
בודד
איכות
רצועת
ברד

Puzzle 16

נ	ו	ג	ר	ך	ד	ת	ו	ר	ו	ן	ו	ע	פ	ם
ס	ן	נ	ו	ע	מ	כ	ו	א	ב	ן	א	ו	נ	ב
י	ל	ר	ע	י	א	פ	ל	ד	ת	ש	מ	ו	ב	ל
ך	ע	ה	ר	ו	ב	ח	ת	י	ט	ל	ו	ן	ר	י
ל	ה	פ	ח	פ	ה	א	ו	ו	ל	י	י	פ	מ	ק
ב	ג	ש	ן	ד	ה	ה	י	ו	ק	ט	י	נ	פ	ד
א	ר	כ	ו	ד	ט	ב	י	ן	מ	ר	מ	ה	ס	כ
ן	ח	מ	א	מ	ל	ת	ב	נ	נ	י	ר	מ	כ	פ
ר	ח	א	י	ה	נ	ע	ם	ם	ב	י	ר	ו	ק	ת
ב	נ	מ	ז	ש	ו	ת	י	ר	מ	מ	י	ז	ו	ר
מ	נ	ה	ו	מ	ה	פ	א	י	ס	פ	ר	ר	מ	ב
ש	א	ב	מ	ש	ל	ה	מ	ח	נ	ל	ר	ד	ה	ו
ת	ו	י	ל	א	ל	ו	ה	ח	ד	ד	ו	מ	י	ת
י	י	ב	ח	ח	ו	י	מ	ר	ת	ב	א	ס	ר	י

אהבת
תרבותי
כואב
אלפים
השמש
המוזר
פלדת
הפתעת
מעונן
חמוד

לערוך
מהיר
מכשפה
נסיך
שליט
אבל
מוזיאון
קלטת
יער
תחבורה

Puzzle 17

ו	א	ס	ת	נ	י	י	מ	ז	א	ר	ד	ר	י	ד
א	ס	ר	ק	מ	ר	א	ו	ת	ד	כ	צ	ל	ל	ד
צ	ט	י	י	ת	מ	ה	י	ת	ד	ל	נ	ס	י	י
י	ר	ו	נ	ן	ג	צ	ו	ח	ך	ט	מ	מ	ר	ח
ל	ט	י	י	ב	ק	ם	נ	ה	ש	ב	י	ע	י	ת
ו	ג	ת	ם	א	י	ר	ב	ח	מ	ה	נ	ג	ו	ת
ר	י	ה	ן	ג	ט	ת	ו	ת	ה	ו	ד	ד	ן	ה
ר	ה	ב	צ	ט	ס	נ	כ	ל	ב	ס	ק	ע	ס	י
כ	ם	י	מ	ח	ל	ק	ל	מ	מ	ב	נ	ץ	פ	ק
ח	י	נ	ר	ו	פ	א	ע	נ	ז	ס	י	ש	ת	נ
מ	ע	ו	ו	מ	מ	ש	א	פ	ו	נ	ת	ו	ס	ג
י	ב	נ	מ	ס	ו	ט	מ	ה	ע	ל	י	ו	ן	ו
ו	ט	י	י	ד	כ	ס	א	א	ד	ת	ל	ו	ע	ב
ו	מ	ת	ג	ו	ת	ז	נ	מ	ד	ש	ב	ו	מ	ט

מטבעים
חבר
חלק
טעות
מלתחה
קפץ
בהמשך
אפונת
פלסטיק
רופא

הבינונית
העליון
השביעית
כתיב
גימור
מייצגים
אסטרטגיה
מטוס
תקינים
אבן

Puzzle 18

א	ל	ב	נ	ר	ש	ו	ק	ת	ר	ב	ר	ל	ף	א
מ	ה	כ	א	ל	ו	ו	ע	נ	ד	צ	י	כ	ו	י
מ	ל	י	ו	ף	ר	י	ט	ו	ג	א	ע	מ	ק	ו
א	ח	א	מ	ז	ו	ו	א	ר	י	ת	ל	פ	ם	ל
י	ו	ת	י	ט	מ	ו	ט	ו	א	ל	ם	ו	ג	ל
ב	ה	ה	ר	כ	ב	ה	ב	י	ו	נ	ה	ל	א	◌
ת	ן	י	ן	נ	ק	מ	צ	ת	ש	ה	י	י	ה	ה
ש	ו	ו	י	ל	ר	נ	ב	ר	ו	א	ו	ע	ב	מ
ט	ה	י	י	ל	ע	ע	ת	פ	כ	ע	ר	א	ג	ר
ר	ח	ה	ת	ג	ב	ו	ק	י	פ	ו	ד	ח	ל	ל
ו	ר	מ	פ	א	ל	ל	פ	מ	ת	י	י	ח	ס	ת
ר	ר	ל	ג	נ	ש	ו	ס	ע	ס	ש	מ	ח	ס	ג
ה	ח	ם	ם	ר	מ	ר	א	ם	א	ו	א	ב	ק	פ
ו	ה	ע	ו	ט	ר	כ	י	ש	כ	ג	ע	ל	א	ת

תנור
אווז
כיצד
מנעול
קיפוד
ארית
יורדי
הרכבה
אוטומטית
שוטר

עלייה
אגם
אהב
מתייחסת
טועה
לשמר
אספקת
קוף
רצה
אומללות

Puzzle 19

ב	ק	ב	ו	ק	י	ד	ח	ם	ל	כ	ר	ו	י	ס
י	ר	ח	ל	צ	ד	ו	מ	ב	ש	י	א	מ	א	ר
פ	ש	מ	ו	ר	ש	ר	ו	ל	ק	ה	ו	ו	ב	כ
ו	א	מ	ח	ש	ו	ו	מ	מ	י	ב	י	ס	מ	ו
י	י	א	י	א	ש	י	ט	פ	ק	ן	ד	מ	ב	כ
ד	ר	ו	ת	ד	ם	א	כ	מ	ס	ר	ג	ד	ש	ח
ל	י	מ	ר	ם	ת	י	נ	ל	ט	ק	ה	נ	א	פ
א	י	ש	ו	י	ת	ר	ב	ג	י	א	י	פ	י	ת
מ	ד	פ	ס	ל	י	נ	ו	ה	ב	ז	מ	ג	ג	ש
מ	ו	ע	מ	ו	ש	י	א	ע	ח	ע	כ	ש	ש	ד
ז	צ	י	ל	ד	פ	ו	ו	ר	ר	ו	ו	ר	ו	ם
ן	ו	ל	ר	ג	נ	ר	ד	כ	ב	ו	א	כ	מ	מ
י	א	ו	ו	ת	ה	מ	י	ה	ס	ב	פ	ס	ג	ה
ר	ב	ת	ב	ה	ד	ו	ר	ב	ף	ב	ד	מ	מ	ד

אדם
ורוד
בסדר
הנפשית
גברת
מסורתי
פעילות
קצר
קרן
ברחבי

פטיש
המרכזי
הערכה
פסגה
גדולים
הקטלנית
בקבוקי
שמור
נפגש
חוששי

Puzzle 20

א	א	ה	ס	ל	ש	ל	ד	י	ב	ר	ו	ס	א	ל
ו	ח	ב	י	מ	ש	ת	ף	צ	ר	ו	ה	ה	ל	ח
ק	ו	י	ל	מ	ז	מ	ף	פ	א	י	י	מ	נ	י
י	ר	ן	ח	ת	ל	א	מ	י	ת	מ	ו	מ	ק	ל
י	מ	ת	ו	ל	מ	ן	ל	י	פ	מ	ט	מ	נ	ג
נ	י	י	י	ל	ג	ר	ה	א	ס	ו	ל	ב	י	ו
ו	ש	ה	פ	ו	ק	ת	ד	ת	ר	ש	מ	ד	ק	ב
ס	ע	ב	ו	ש	ח	א	ר	ף	ת	ת	פ	ד	י	ה
פ	מ	ש	ס	צ	ו	ל	ה	ר	י	ז	ב	ו	ו	מ
א	מ	ד	כ	ב	ו	א	ח	ר	י	ם	ו	א	ת	מ
ן	י	ז	מ	ע	מ	י	ה	ר	א	ר	ב	ל	ב	א
צ	כ	ו	י	ו	ו	י	י	פ	ל	מ	מ	ו	ו	ע
ב	ע	ן	ר	נ	ג	ר	א	ו	פ	מ	ד	ו	ד	ס
ן	ח	י	ש	י	ת	א	כ	נ	ם	ו	י	ו	מ	ל

לאיית
מרדף
לאסור
צבעוני
מטורף
הבין
לשמחתי
בזירה
שלד
לגובה

אוקיינוס
נקניקיות
אחרים
מפואר
מזין
קופה
חשוב
אפס
אתר
מעשי

Puzzle 21

ל	ל	ל	ר	ז	ה	ר	ן	ה	צ	ו	מ	מ	ח	ה
ן	מ	ש	ת	ו	ל	ב	נ	ו	ת	ר	ו	ק	י	ב
נ	ש	ו	ן	ט	צ	ו	מ	ו	ש	א	פ	מ	ט	ו
א	ו	ק	ה	ק	ר	י	מ	י	ר	י	ר	ן	ב	ג
א	ך	ו	ת	ו	ם	ו	י	ל	ה	ש	י	ג	א	א
ל	ו	ל	ה	נ	ק	ן	ה	ב	ר	צ	ר	ה	כ	ט
ט	ס	ד	ד	ע	ה	י	י	ל	י	ב	ח	ל	ה	י
ל	ט	ן	ו	ל	ם	ל	ח	ה	ד	ע	נ	ב	ב	ב
ש	ג	ה	ה	ע	פ	ר	ר	ע	א	א	י	ו	ל	ת
א	ת	א	ט	נ	ע	ק	י	כ	א	ג	צ	ו	מ	ס
ג	נ	ע	ר	ה	ח	י	ו	ו	א	מ	נ	נ	ע	ו
י	ג	צ	ו	פ	ת	ל	ה	ע	נ	י	ש	א	מ	א
מ	ג	ב	ר	י	פ	ט	ע	י	ם	ד	ל	ט	ע	מ
ע	ח	א	י	ו	ל	ו	נ	ם	ל	ה	◌	ע	ב	ת

ביקורת
שוקולד
הטרור
מעט
להעניש
טעים
צבע
צבא
עקומות
רזה

לבנות
הרשת
למשוך
אדירה
בלונים
אבטיח
להגן
בייצור
להשיג
הלם

Puzzle 22

מ	ן	ו	נ	מ	ב	ת	ם	ק	ס	ד	ע	ד	ו	מ
ו	ו	י	י	כ	ע	א	י	י	כ	צ	ן	ק	ב	ל
י	ז	א	ר	ב	צ	ק	ח	ת	ל	ד	ש	י	ב	ד
ר	ה	נ	ב	ת	מ	י	ר	א	פ	ב	ס	ד	ר	ו
ש	י	ו	ה	ו	ך	◌	ק	ת	ו	ם	ק	מ	ו	ע
פ	ר	כ	ש	מ	ו	נ	ה	נ	ש	ת	ר	מ	ע	ח
א	ש	מ	ת	ו	מ	ע	ד	כ	ו	ן	פ	ק	ת	ל
ר	ה	מ	מ	ל	צ	י	י	ת	מ	ה	ק	ק	נ	כ
י	ל	ג	ר	ע	ע	ש	ו	ת	י	א	ר	פ	ת	ו
ר	ת	ק	ס	ת	ב	א	ק	ע	ש	י	צ	ו	ו	ה
ק	ב	צ	מ	ב	ל	ה	ל	ת	ל	ה	י	ו	ד	ד
ה	י	ע	ח	נ	מ	ב	ס	ת	י	נ	ר	ד	ו	מ
ב	ו	ן	ו	ב	ב	ו	ח	מ	פ	פ	ט	י	כ	ע
ח	י	ר	מ	פ	ד	י	ה	ש	ל	י	ל	מ	ה	פ

אשמתו
בעצמך
בעצמו
ממהר
זהיר
מצב
תעלומות
פרא
עדכון
שנה

שמונה
מקבלים
יצווה
חודש
לשימוש
עורב
התקפת
מכונאי
מודרנית
אפשרי

Puzzle 23

ה	ל	ב	נ	י	ר	ב	ס	מ	ו	נ	מ	ר	א	י
ט	ג	ת	ב	ת	נ	ל	ב	ת	כ	ל	ו	ה	א	ן
כ	ר	ש	ם	ק	נ	מ	ת	ו	ל	צ	נ	ת	ה	ה
נ	ו	ן	ו	ר	א	ו	א	ת	י	נ	ח	מ	ר	ש
ו	ד	א	ו	מ	ו	ע	ו	ק	כ	ן	ל	י	א	מ
ל	כ	י	ה	ת	ה	ר	נ	ו	ש	ל	ח	ת	ו	ך
ו	ג	ב	ו	ק	ה	ש	י	ח	ב	ט	פ	ב	י	כ
ג	י	ה	ב	ל	ן	ת	א	ש	ו	ע	נ	ן	ת	ל
י	ע	ו	ל	ת	ן	נ	ו	מ	פ	ם	ו	י	ב	ו
ת	ל	ק	ה	מ	ת	י	ה	ת	י	י	ה	פ	ו	פ
ח	ת	י	פ	נ	י	ו	נ	א	ר	ו	ך	ל	ו	ג
ק	ה	ב	י	ו	ח	ר	ב	ל	א	נ	י	ו	ש	ב
א	ח	נ	ץ	א	א	א	נ	כ	ה	ן	א	ד	ה	ד
כ	נ	ה	ש	ל	ה	ב	ב	י	ר	ח	מ	ו	י	ן

ביום
להרות
להפיץ
טעם
יכל
כדורגל
סבתא
נפח
הוקי
הגשומה

התנצלות
טכנולוגית
יושב
דולפין
הולכת
ארון
קיצור
מנומס
לחתוך
שחוק

Puzzle 24

מ	ר	ר	ב	ר	ב	א	ר	י	מ	ז	ט	ת	מ	מ
ח	י	ב	ל	ח	ק	ח	ב	ו	ר	י	ב	ם	מ	מ
ל	מ	ש	ק	פ	י	ו	ב	ק	י	ת	ע	ו	ת	ח
ה	י	ו	ב	י	ז	ר	ג	ר	ש	א	ת	נ	מ	ח
ל	א	ת	ה	ח	ח	ב	ו	ן	ח	ת	ח	ט	ב	א
י	כ	ר	ג	מ	ה	ב	א	ת	ד	י	ע	ו	ן	ד
ה	מ	ל	צ	ב	ל	ד	ק	י	ר	ן	ר	ן	נ	ר
ק	ת	ו	ד	ו	ה	ל	ק	א	ד	ד	ח	ו	י	מ
ה	ו	מ	◌	ר	ה	ל	י	כ	ת	מ	ש	ל	ם	מ
ב	ן	מ	ת	א	ב	א	ס	ז	ר	ו	מ	ו	מ	ו
ר	ה	◌	ל	ה	ע	י	צ	מ	ש	א	י	ב	ת	ה
מ	א	ו	ע	ו	ה	ח	ת	פ	ר	ש	ת	ס	ר	י
ע	ו	ד	ר	ה	מ	ו	פ	ל	ש	מ	ת	מ	ד	ל
ת	ו	ז	ב	ל	ס	ה	ו	פ	ב	י	ו	י	צ	ג

בצל
מציע
לערב
קקאו
משקפי
להודות
הליכת
בחירות
תרד
חירום

להחזיק
מיוחד
אומדן
במלון
הקהילה
מחלה
שרשרת
אבטחת
זכאית
עתיק

Puzzle 25

ו מ ן ר ה כ ל ו ו ר ל מ ר ח י
ן כ ת ו ב מ א ג ב ש ג ע ת ה ה
ר מ מ ד ו כ ו ס י ך א ר ו י ג
ב מ ה י ר ו ת מ ם ת צ ל פ מ מ
ם י ר ו ר ב ת ח י פ ת ן ח ח ת
ח מ נ ע ו ב ש ב ח ה ו ו ה ב נ
ת מ י ש ב פ ו ר מ ט ב מ ל ו ו
ו א נ ל ן ך ו י צ ד ק ל י ת ת
ב ף ש י ק ר פ ס ן ע ע ב ו ל
א ע ו ש ו א א ג ו נ ב נ ו ב ה
ת א ף י נ י ת נ ל ע ו י ב ן ה
ו ג ב מ ו י ש א ט א ר ב ס ב א
מ ד ן מ ח י ע ו ש ה ב מ י ה נ
ל י מ ו נ ד ה י ש ר ת ה ר ק י

לימונדה
ברורים
שלישי
תשעה
נעלמו
כתוב
צמחים
ינשוף
בשבוע
יקרה

מפלצת
המומיה
לאותת
כבד
כוס
מתנות
בפורמט
בעקבות
במהירות
לתלות

Puzzle 26

ג	י	ה	ה	ב	מ	ל	ן	ל	א	מ	א	מ	ת	מ
מ	ח	ת	מ	ד	מ	כ	ו	ב	ע	ג	פ	כ	ר	ו
ק	ל	ח	ח	ו	ס	א	ל	ח	ע	ו	ג	ת	נ	ח
ט	ת	ג	ה	נ	כ	ק	ו	ו	מ	ש	ו	ב	ג	ש
ר	ם	י	נ	ו	מ	ש	כ	ר	ש	ש	נ	ל	ו	ה
ד	א	צ	ף	פ	ב	ם	מ	ש	ר	מ	ו	ש	ל	כ
ח	ל	ה	ה	ל	כ	ה	א	ל	ב	ו	ק	ר	ת	ו
ל	מ	ל	ס	ל	ו	ת	י	ס	ש	נ	ה	ג	א	ב
מ	ב	ר	ל	ל	ם	ן	ת	ת	ו	ש	א	מ	ה	מ
ד	ש	ג	מ	א	י	ג	ו	ת	מ	ח	י	ר	ה	ל
ל	ש	כ	ק	ר	ר	י	ו	ל	ר	ש	ב	ג	מ	נ
כ	א	ל	ו	ב	ח	ב	ש	ו	ח	ג	ה	י	ה	ב
א	מ	כ	ד	ש	נ	א	ה	ע	נ	ד	ל	ח	ו	ל
נ	מ	ש	י	ח	ר	ת	ל	פ	ש	ח	ס	ג	ת	ת

שנאה
תרנגולת
תרחיש
שמונים
להגיש
להביא
שוב
שלב
להשוות
פעולת

כובע
כולו
רקוב
עוגת
חיות
חלון
מחיר
לבחור
מכתב
להציג

Puzzle 27

ר	מ	ה	ע	א	ע	ו	ג	ב	ג	י	ע	צ	ו	פ
ת	ת	ו	ל	א	מ	ח	ר	י	ח	מ	כ	ת	מ	ו
ל	ר	ב	ה	פ	ח	מ	ם	ד	ב	פ	י	י	ע	ר
ש	ת	ר	צ	ל	ו	ם	י	ר	ז	ו	מ	ו	ר	ח
ו	ש	ב	י	ף	ל	מ	ה	ל	ש	ה	ה	ז	ו	ו
פ	ה	צ	מ	ו	י	ע	ז	ל	ו	ם	כ	ח	כ	ז
ט	ו	י	א	ח	ד	ש	ה	ק	י	ט	י	ל	ו	פ
ב	ו	ב	ת	ד	ו	ה	ח	מ	ו	ש	א		י	א
ד	ק	ל	י	ל	ע	ת	ש	ק	נ	ע	נ	נ	ר	י
ל	ת	ז	מ	ב	א	ר	כ	א	י	ו	פ	מ	ח	ו
מ	ה	פ	ש	ב	ו	ר	ח	ן	ש	ן	ל	ו	ט	ז
ו	פ	ת	ח	ק	ל	ב	ח	י	ן	א	ב	ך	ב	ש
נ	ם	ק	ס	ע	ש	ע	ר	י	ד	ע	ר	ק	ז	ר
ג	ל	מ	ו	א	ע	ה	מ	נ	ו	ג	ב	ו	מ	י

מעשה
פוליטיקה
שעון
חכם
התקווה
לקחת
עסק
פתק
נמוך
באולם

ידוע
פנאי
מוזרים
אמיצה
לשופטט
שבור
שינוי
לדחוף
בוצי
שמים

Puzzle 28

ע	ו	ל	ד	ו	מ	ן	ל	א	ה	כ	ה	מ	ר	ת
ה	כ	נ	ל	ל	·	ל	ה	א	ו	י	ת	מ	י	י
ם	ו	ו	ד	כ	ר	ה	נ	מ	ם	ק	א	א	ד	י
מ	ה	י	ח	א	ר	ש	ל	מ	ם	ד	ה	ר	ע	ל
ת	ע	ת	ש	ב	נ	א	ל	מ	ו	ח	ר	י	ק	ע
ו	ו	ח	ק	ד	ו	י	נ	פ	ל	א	י	ו	ג	ח
ב	נ	ת	ן	ל	ל	ל	נ	ט	צ	ה	ה	ח	ה	ה
ר	פ	ו	נ	ת	ב	ע	ה	ס	ת	ד	ז	ק	א	ר
א	ו	ן	א	מ	י	י	ב	מ	ח	ב	ת	ל	ל	מ
ע	א	ו	ע	נ	ו	ו	ת	ש	ר	י	ק	א	ר	מ
ו	ג	צ	ב	י	ת	ח	ו	ח	מ	ו	ס	י	נ	ן
ע	ס	ר	ו	ד	ר	ת	ו	ק	ר	י	פ	כ	ד	מ
ל	ש	מ	י	ל	ק	ב	ו	ע	ב	ו	ה	פ	ו	צ
ת	ו	ג	ה	נ	ת	ה	ד	ל	ר	ו	מ	ס	ת	ם

צופה
רופפת
החלטה
הפסקת
אופנוע
זהירה
מרצון
דברי
לקבוע
תצלום

במחבת
בדלת
חקלאי
אגס
להשאיל
תחתון
פלא
סמור
התנהגות
ירקות

Puzzle 29

ר	ה	ם	ס	ר	ו	פ	מ	י	ר	ר	ד	ו	ח	י
כ	ס	ב	ק	א	ק	ע	מ	ש	כ	ל	י	ו	ו	מ
ו	ס	נ	ע	מ	מ	צ	ס	י	ד	ו	ו	נ	ת	י
ת	ל	ש	ח	ע	ו	ד	ש	ו	ר	פ	א	ו	י	ב
ב	ר	נ	ו	ח	ו	ת	י	ש	ו	מ	י	ש	נ	י
מ	מ	ש	ק	ח	ב	מ	ר	א	ה	ג	ח	ו	ו	ב
ו	י	י	ת	ן	ב	ח	ו	ש	י	ו	ת	ג	י	ס
ה	ם	ת	א	ר	ק	נ	ח	ה	ו	כ	ל	כ	ה	ר
ר	ג	ר	ד	ו	ה	פ	א	נ	ת	נ	פ	ד	ב	ן
ו	נ	ו	ס	צ	ג	ב	מ	ח	ע	ה	ס	י	ת	ד
ק	ל	צ	א	י	ג	א	ע	מ	ה	נ	ר	ך	ב	ו
ה	ל	ב	ד	י	ל	מ	י	ל	ר	ו	י	ו	י	ד
כ	פ	ת	ו	ש	ש	ו	א	ת	ה	ש	י	מ	ת	ש
כ	ט	י	ן	נ	ו	ב	ת	ה	ל	א	ס	ס	ב	ל

דתי
ייצור
מאחורי
מפורסם
בנות
סביב
ספל
ניתוח
שמע
בצורת

אויב
להתבונן
הנושא
צוחקים
הרוק
הולדת
לשדוד
התאוששות
נקראת
שימושית

Puzzle 30

ס	ת	ד	ו	ל	ר	י	ו	מ	י	י	י	ב	ד	ר
ק	י	ל	ח	ה	ל	ו	ה	ו	ד	ו	מ	ל	ו	כ
ג	ס	י	ם	ו	ר	ס	פ	ח	ו	ה	ע	ר	ב	נ
ל	ה	ו	ר	ו	ה	ב	ד	ת	ג	ק	צ	ל	ק	ש
כ	ז	נ	ד	ה	ר	ו	ח	ת	י	ר	ס	ו	מ	ך
פ	ע	א	ת	ו	מ	מ	ר	ס	נ	י	ל	ן	כ	ו
ב	ס	ח	ת	מ	ל	ו	ל	ח	ב	ת	פ	ג	א	ל
ב	מ	ו	י	ר	ה	ע	י	ר	ו	ב	ח	צ	נ	ל
מ	מ	ל	ל	מ	ר	ב	י	ם	מ	ת	ו	נ	מ	א
א	ח	צ	י	ך	ט	ר	צ	ש	ל	ה	ה	י	ר	כ
נ	ו	ת	ל	א	ו	ז	ל	כ	א	ת	ש	ו	מ	נ
ס	ץ	ו	ח	א	ל	ב	י	ן	מ	ן	ו	ת	י	ע
ת	י	ו	ג	ת	ש	ו	ח	נ	ל	ח	י	פ	ת	ש
א	ו	נ	י	צ	א	ו	ת	ט	א	ר	א	ו	מ	ה

לנצח
מתנהג
להחליק
נשך
עזה
ערך
עיתון
גחלילית
שכן
חולצת

נחושת
גסים
לוטרה
פסול
מוסרית
בניגוד
מחוץ
אמנות
בין
מרבים

Puzzle 31

נ	פ	ו	ל	מ	ז	ר	ו	א	ט	י	ו	מ	ל	ל
ק	ו	י	ר	א	מ	ח	ע	י	א	ק	ו	ב	ק	ב
י	מ	ש	פ	ו	כ	ב	ת	ו	ו	פ	ר	כ	י	א
ה	ת	ח	ו	ב	א	מ	ו	ו	י	ד	נ	ת	ו	י
מ	י	ו	ש	ק	ר	א	מ	ק	ר	ר	פ	ק	ף	ת
ש	נ	ב	ל	מ	מ	ג	ש	ס	א	ש	ב	ל	ו	ו
ע	ל	ח	ב	ר	ל	ט	ע	ה	ש	מ	נ	ו	ו	ה
מ	ה	פ	ה	ש	נ	י	ו	ל	ד	ב	ב	ה	ן	ח
ס	ף	נ	ר	ק	ם	ק	ת	ע	ן	ם	ו	ר	ה	מ
ה	פ	ד	י	א	י	י	ו	ה	ו	ד	ת	ה	ב	פ
ק	ס	ם	ש	י	ד	ו	ש	ת	י	י	ל	ת	ע	מ
י	ע	ע	ת	פ	ד	ב	ר	ו	ד	צ	ק	כ	ק	פ
ץ	י	ש	ו	ע	צ	י	ה	ף	י	י	ד	נ	ר	מ
ש	ף	ת	נ	ם	י	ר	ל	ג	ו	ל	ש	ח	מ	ג

אורז
הקיץ
שתייקו
להרשות
במשרד
חשמלית
צדדים
מבחר
כנראה
בקבוק

שירה
נקיה
שעות
מקרר
מאובק
קרנף
עלה
פעם
שני
סעיף

Puzzle 32

ו	מ	ל	ש	ס	ב	מ	מ	ב	א	א	ל	ד	א	ת
ו	ת	ה	ו	ח	ו	ק	נ	ע	ר	נ	ש	פ	י	ו
מ	ג	י	ע	י	ם	ל	ס	ה	י	ה	ר	ש	ו	ג
ג	ו	פ	נ	י	ת	ת	כ	ו	ל	מ	ג	ג	ד	א
י	ח	ר	ע	ר	י	ם	ת	ו	ח	ר	ע	ק	י	נ
ז	פ	ת	ש	ב	כ	ן	צ	ש	ה	י	ה	ד	ו	ה
כ	ר	ד	י	צ	ב	ה	ע	ה	ס	פ	ו	ג	ח	ר
ת	א	ש	ר	א	ל	ל	ד	ס	י	ב	ס	ג	ח	י
ה	ו	ס	ב	ו	ש	ן	ו	מ	ב	י	ל	ג	ח	ק
כ	י	ת	ש	ב	ר	ל	ג	נ	כ	ו	ו	ר	י	ס
ל	ל	ב	מ	ק	ו	ק	ו	ל	ר	פ	ע	ד	פ	ל
ב	ו	ל	ש	ה	ד	ד	ה	ב	ה	נ	י	א	ה	י
מ	י	ע	ה	ב	י	ש	ת	נ	י	נ	ן	צ	א	ה
א	ו	ה	י	ט	ב	מ	צ	ט	י	י	נ	ת	י	ד

עשיר
מנהל
היה
משבר
הרגשית
זכתה
קול
היטב
סקירה
ספוג

מצטיינת
השווה
לשרוד
מלוכת
חותם
מגיעים
אנרגיה
גופנית
כביסה
וידוי

Puzzle 33

ז	ו	פ	ח	ת	י	מ	א	א	ע	י	א	פ	ש	ב
ש	י	ש	א	ף	ע	ס	ה	ל	ה	ס	ב	י	ר	ר
ק	ד	מ	ה	י	ר	ו	ה	כ	ו	פ	ה	ל	מ	כ
ו	י	ח	מ	י	ו	ב	ע	ה	ב	ה	ם	ה	צ	ו
פ	ד	ל	ו	ן	י	ך	ק	פ	ם	י	נ	ר	ס	ת
י	ו	ת	ר	ח	א	ת	ז	ב	ו	ב	ד	ו	א	מ
ת	ת	ת	ד	ו	ו	י	ת	ש	ן	ת	ב	מ	ב	ה
א	י	ג	פ	נ	ר	פ	ו	י	ו	ס	ל	ת	מ	ת
ר	ת	מ	ת	נ	ו	ל	א	ב	כ	ר	מ	ב	א	ב
א	ר	ה	ה	א	ו	ה	מ	ל	ב	ב	פ	ת	ו	ן
ד	ף	י	ג	ה	ת	ר	י	ח	י	כ	ו	ס	נ	◌
ו	ל	י	מ	י	א	י	ו	מ	ב	ה	ם	ס	ל	ה
ן	ט	ח	י	ו	ל	ם	ר	ז	מ	ג	נ	ח	◌	א
ש	ע	כ	ש	י	ו	ז	י	ע	ל	פ	כ	ג	ה	י

אחר
בכיתת
הכביד
להסביר
זבוב
שעכשיו
צמר
ברכות
שקופית
מסובך

בתמורה
עטלף
הפוכה
מאוד
ושהיית
ידידותית
חפוז
מלבד
דרומה
לחמש

Puzzle 34

ל	ז	ר	ב	צ	מ	ג	ב	ו	ה	ה	ר	ו	נ	מ
ת	נ	כ	ו	ס	מ	ה	מ	א	א	ל	נ	כ	ו	ן
מ	ת	ב	ח	י	י	ה	ם	מ	ט	ל	פ	ח	ו	מ
ו	ו	א	ל	ר	כ	ו	ג	צ	א	ע	פ	ל	ו	ז
ך	י	ש	ש	ל	ל	ל	ק	נ	ו	ת	י	ד	ח	ו
ל	ל	ו	נ	ד	ק	י	ס	ע	ה	ל	י	מ	ר	ו
ל	י	ח	ת	ו	ח	ת	פ	ת	ה	ל	מ	י	ר	מ
ב	ל	ו	ק	י	ם	ה	י	ר	צ	י	ס	י	ז	א
ו	א	ר	י	ק	ך	ן	ו	ד	י	ן	י	ן	ת	ע
ת	י	ז	ל	ו	ח	י	א	מ	פ	י	ה	א	כ	מ
מ	פ	ל	ת	י	ת	מ	ע	מ	ק	ה	כ	פ	ג	י
נ	ר	י	ה	א	ו	נ	ד	ו	כ	ו	ו	י	ו	א
ו	ם	ע	ר	ו	ס	ו	ף	ד	ח	ד	ו	ע	פ	ו
ה	ה	י	ל	ב	ב	ס	ה	י	י	ת	ך	ח	ע	ו

זמן
קפיצה
ברזל
לדמיין
פסק
לתמוך
רעל
שנת
תוך
להעסיק

לקנות
גבוהה
חייהם
נכון
מנורה
המסוכנת
בלוקים
התפתחות
לזרוח
דשא

Puzzle 35

ה	פ	ב	מ	ל	א	ר	נ	ב	ל	נ	ו	ט	מ	י
י	ל	ו	פ	ת	י	פ	א	פ	ח	י	ל	ז	ו	ן
ה	פ	ר	ת	י	ה	א	ת	ב	ת	ע	ה	ו	כ	ר
י	מ	א	מ	נ	ת	ו	מ	ר	י	ל	ר	ט	ר	י
ו	ע	ח	י	ו	ר	ב	ר	י	ד	ס	ה	ד	ו	ב
ע	א	ס	ש	ק	ש	י	י	ה	נ	ס	י	ח	ז	י
ב	ל	ר	ב	ת	כ	ל	ב	ו	ל	ו	ס	ד	מ	ר
מ	ע	ב	ו	ד	ה	ן	מ	י	ק	ן	ר	א	י	ו
ת	י	כ	ל	ו	ש	י	ה	ן	ו	ו	ו	ו	ן	ה
ש	ג	ר	ט	ת	ק	ל	ח	ת	פ	ת	ס	י	ד	ה
א	ה	ו	מ	פ	ב	ד	מ	ר	ל	א	ה	ה	ה	פ
נ	ל	מ	נ	ר	ו	פ	א	ת	ק	נ	ש	ה	ר	מ
ת	ו	ש	ר	ה	א	ו	ה	א	ד	ב	ק	י	ו	ש
ע	ס	ל	ח	ע	ח	ק	ש	י	מ	פ	ן	י	כ	ס

לדפוק
הכשרת
החמאה
יבוא
תינוק
מורכב
דיוקן
הרשות
מוכר
לפתור

להוט
במת
עבודה
חילזון
בקשה
להגיע
סכין
תודת
זמין
הסדיר

Puzzle 36

ת	ו	ע	ל	ש	ל	ך	מ	ר	י	ת	ר	י	ח	ב
ח	ת	ה	נ	א	ה	ל	ו	י	צ	ת	ב	נ	צ	י
ל	ה	ו	ו	ד	ת	ר	ח	ש	ל	ר	מ	ל	ף	א
י	ו	ר	ו	ל	ח	ח	ו	נ	ג	ס	ג	ד	ש	ש
ף	ר	ב	ט	נ	י	ע	א	ו	ב	ת	ד	י	ר	י
ד	י	ו	ד	ו	ל	מ	ג	ה	כ	מ	ר	ש	ו	ר
מ	ק	ע	מ	ר	ר	ד	י	ט	א	ם	ו	ש	נ	ל
מ	ן	ו	ע	ס	ק	ת	א	ו	ב	ר	ר	ל	מ	ר
ע	נ	פ	ב	כ	ו	י	נ	ח	ל	ר	פ	ל	ח	מ
ם	י	י	נ	י	ע	ב	ר	ש	מ	י	ל	ו	א	ה
ל	ג	ש	נ	ו	ו	ו	ח	ה	ש	ל	ל	ס	י	ב
י	י	ב	י	ק	ד	ג	מ	א	ח	מ	ן	ב	כ	א
ר	ג	ח	ת	נ	ח	ו	ס	ג	ק	ח	ו	מ	נ	ו
ע	ו	ק	ק	כ	ע	ש	ק	י	ל	ס	ל	ק	ך	ת

להתחיל
בשיפוע
בכאב
האח
הרי
בחירת
מחר
בעיניים
הוריקן
שלך

לנשום
עגבניות
תחליף
אולי
ירידת
הבאות
למשחק
לנווט
עמדת
עסקת

Puzzle 37

ב	ו	ס	ת	מ	ל	ה	י	כ	ש	ל	צ	ו	מ	מ
ל	ת	מ	מ	ב	·	ק	נ	ג	ו	ר	ו	פ	ל	ה
מ	ף	א	ו	ט	ב	ר	ל	ו	ה	כ	ר	ח	י	י
י	נ	ד	ה	ש	פ	ו	ש	ע	ג	ו	ל	ה	ק	מ
ג	ר	ש	ע	ו	ד	ע	ק	ר	ג	ר	ו	ב	מ	ה
ה	ע	ל	ו	ל	ר	נ	ף	י	ו	·	ש	ר	ר	ו
ה	ע	ו	ח	ת	ל	י	ס	ט	ו	ר	צ	ע	ו	ת
י	ך	י	ל	ה	י	ב	כ	ר	ו	ו	י	מ	מ	ב
ר	ה	נ	כ	י	י	ת	ו	ק	נ	פ	נ	נ	ר	ד
ו	ם	ע	ע	ת	ח	ו	מ	ו	ס	י	ו	ק	ר	נ
י	י	ע	פ	ח	ו	נ	ת	מ	ג	ס	י	ש	י	א
כ	נ	י	ד	ב	ר	י	ם	ד	ו	ה	ל	ו	מ	כ
נ	פ	ו	א	ל	ד	ף	ו	ה	י	ר	ת	ג	ך	ס
א	ע	ד	ד	י	ת	ה	ם	פ	ו	ב	ב	ו	ע	ה

כסף
מבט
לשקף
עוד
חומוס
רצונות
הליך
דברים
עניבת
קנגורו

ידית
הכרחי
להיכשל
המבורגר
מערבה
הסיפור
עגולה
פדרלי
חול
הדמוקרטי

Puzzle 38

נ	ק	י	ל	ו	ם	י	ר	צ	ש	כ	י	ו	ט	ה
י	ש	ש	ה	ב	ר	ה	ן	ה	י	ר	ח	י	נ	ח
ע	ר	ו	ק	ד	ב	ח	ד	ס	ש	ה	ל	פ	נ	ר
ע	פ	ר	י	ט	ע	נ	ק	ת	ה	נ	ה	ל	ב	ח
ת	ב	ב	ם	ל	מ	ח	ף	ן	פ	ה	ד	א	ם	צ
ב	ו	צ	נ	ס	י	מ	ן	פ	ר	ף	י	ו	ם	ה
י	ע	ר	מ	ע	כ	ש	צ	ה	ו	ם	י	ב	נ	ע
צ	ד	ל	ה	ק	ד	י	ש	מ	ר	ת	פ	כ	ב	ל
י	מ	י	ע	ה	ָ	מ	פ	ע	פ	ו	ח	י	כ	י
ם	ה	י	נ	ה	ל	ה	ד	ד	נ	ת	ו	ע	ו	ה
ל	ת	י	ע	י	י	ר	ע	ו	ל	א	ל	ד	ו	נ
ש	י	מ	ה	מ	ס	ר	ו	ע	פ	ס	י	ן	א	ו
ה	ר	ת	א	י	א	נ	ו	ת	ו	ו	ת	ב	מ	ת
ו	נ	ה	ר	ה	ז	א	ו	מ	ו	ן	ל	ר	ה	ת

הנהר
אזהרה
משימה
ביצים
צרים
שהבר
פריט
שישה
להקים
נפלה

מעבר
נשוי
לעכל
ענק
עצם
סימן
ענבים
להקדיש
ליהנות
המדע

Puzzle 39

ס	ל	ע	ן	ח	ב	מ	מ	ה	ן	ה	י	ד	א	ל
ה	ל	ט	ר	ת	ו	מ	כ	ו	י	כ	י	כ	ב	ר
מ	ח	ג	מ	ו	נ	א	ז	ר	ח	ר	מ	ר	ת	ט
ן	מ	ח	ב	ל	ו	ל	ט	ר	י	י	ל	ן	ת	ח
ו	ת	ב	א	ת	ש	פ	ר	ו	ח	ב	ה	י	מ	ט
נ	א	ץ	ר	פ	א	ג	ה	ס	ל	ק	י	י	ם	כ
ג	ס	ד	ב	א	ל	ד	ל	ב	ר	נ	א	י	ד	ת
ר	מ	י	ע	י	מ	ד	מ	ס	ה	ב	נ	ה	ו	י
ב	ת	ש	ב	ו	ה	ו	ח	ל	נ	י	ס	ג	כ	א
ל	א	כ	י	צ	ל	ר	ו	ר	מ	פ	ע	ה	ש	צ
ש	ג	מ	ח	ו	ו	ל	ת	ב	ו	צ	י	ב	מ	ו
ד	ח	מ	ו	ק	כ	י	א	ל	פ	ד	ו	ר	א	נ
מ	מ	ם	י	נ	ו	ת	נ	ו	י	ת	מ	א	ר	ה
ת	◌	ב	ל	ת	ת	מ	מ	ש	ל	ו	פ	כ	ע	מ

חמלה
וכמות
לאבד
חתול
ממשל
ליירט
סורר
פרץ
סנפיר
סנאי

למצוא
אזרח
לקיים
הבחור
מדמיע
נתונים
ביקור
נושא
מבחן
בארבע

Puzzle 40

ר	א	ש	י	מ	ר	ד	ד	ו	ח	נ	נ	נ	נ	מ
ר	ב	ד	צ	ב	ת	ב	ג	י	ס	ל	ה	ע	ש	ע
◌	ע	פ	ח	ס	ו	ת	ך	ג	ו	ק	ס	נ	י	ד
י	ן	ש	ה	ו	נ	י	ו	ח	י	ם	ו	מ	ם	ר
ל	ה	ו	א	ן	ו	מ	ח	מ	פ	ה	ד	ן	ו	מ
ת	ה	נ	ט	י	ה	ו	ת	י	ע	ה	נ	ו	ו	ר
ח	ך	ה	ר	מ	ל	א	ז	מ	מ	מ	מ	מ	ת	ס
ל	י	ש	י	ת	ו	ל	ע	ת	י	י	ש	ד	ר	ה
ת	ת	ע	ק	ע	ו	נ	צ	ו	ר	ר	י	ט	כ	י
ו	א	נ	ה	ט	י	מ	ה	ר	ע	ו	ו	פ	נ	ד
ר	ו	ר	ו	ב	י	צ	ל	ק	ו	ץ	ר	ש	נ	ר
ל	ר	ו	נ	ה	ן	מ	ר	ל	ח	י	ת	מ	ו	ע
ש	ע	י	ה	ה	ע	א	מ	ת	ר	י	ל	ם	ר	ו
ח	א	ס	מ	ת	י	ע	מ	ו	פ	י	ת	ג	ו	·

נעשה
מעדר
נשים
לציבור
חצי
משפט
סרט
ראשי
להונות
טריק

לאומית
מירוץ
לקרות
צנוע
חיובי
המיטה
תולעת
פעמי
שונה
מנהיג

Puzzle 41

ו	מ	י	ה	ס	ר	ג	ר	ה	י	ט	י	ם	ו	ת
צ	ד	ע	ל	י	פ	ש	נ	ר	ג	ס	י	ו	פ	מ
מ	ר	ל	ח	א	ו	י	ו	ו	מ	מ	ע	מ	ן	ת
ל	ג	י	ד	נ	ו	מ	י	ס	ל	ו	ו	י	ו	ח
א	ו	י	ה	י	ת	ם	כ	ל	י	ן	ץ	א	ס	ל
ך	ת	ה	ס	ר	ו	כ	ב	י	ו	ת	ר	י	ג	ו
כ	ל	ו	ס	ל	ע	ק	ו	ר	ב	מ	א	ד	ד	ש
ב	ת	ו	י	ה	ל	י	ט	כ	ן	ח	ש	ו	מ	מ
ו	ה	ב	ק	ר	ג	ו	ה	י	ל	ג	ב	ת	מ	ל
י	י	ה	ו	ב	ע	י	י	ב	ם	י	נ	ח	ו	ב
ד	ל	ו	ע	ד	מ	ו	ל	ת	ה	ו	ו	ת	ו	ל
ב	ו	ת	נ	ב	ה	ע	ש	ו	ק	ר	ג	ה	מ	י
י	ו	כ	ו	ו	ס	ט	מ	א	ת	ח	א	ק	ת	ב
ח	ע	ה	פ	ה	ד	ת	ו	י	ל	ר	מ	ו	ת	ל

ייעוץ
טוב
רכיבת
למד
המעגל
להיות
פיל
תואר
מדרגות
רהיטים

שולחת
בוחנים
גרסה
ובכך
כורסה
לעקור
דיוק
מלאך
ביותר
ארץ

Puzzle 42

ו	נ	כ	א	ל	ס	ר	ו	ד	כ	ת	מ	ו	כ	ו
י	כ	א	א	ש	ח	ו	ה	ד	י	ס	צ	י	ו	מ
ס	י	ס	ב	ל	כ	ס	פ	י	ס	ב	י	ל	ת	ת
ת	ב	ח	מ	ו	ה	ש	מ	ה	ד	ל	א	ו	נ	פ
ו	י	ח	נ	ל	ש	י	ל	ג	נ	ו	ו	ן	ת	מ
ל	י	ן	ק	ו	ב	ק	ו	ס	מ	ג	ת	א	ש	מ
ו	ע	ו	ר	ש	י	ע	ו	ר	מ	א	ש	י	מ	ה
ו	ל	ל	ם	ק	ח	ב	כ	י	ר	ה	ב	צ	ג	ר
ת	ר	י	מ	ח	ק	ל	ר	ד	י	א	ן	פ	ו	ו
י	ו	י	כ	א	פ	ד	ן	א	א	ו	א	כ	ע	ט
ת	מ	ו	נ	ת	ה	ב	ב	ג	ת	א	ו	פ	ר	ר
ם	א	ו	ט	נ	י	ר	פ	א	מ	ם	כ	ל	א	פ
ר	מ	ב	ל	מ	ה	ו	ה	ט	י	י	מ	ת	י	מ
ם	א	ע	ב	ש	י	ק	י	ת	ד	ד	פ	ת	י	ט

רפואת
טמפרטורה
בסיס
משהו
כדורסל
קשוב
קפה
קרם
תמיד
מציאות

כונן
וילון
תמונת
מאשימה
לשלול
כותנת
שיעור
להסס
מסוק
דבר

Puzzle 43

פ	ס	מ	ן	ס	י	ד	ת	ת	ח	ע	א	ב	מ	א
כ	ד	ק	א	צ	ה	מ	ו	ס	ו	א	א	ר	ה	ת
א	פ	ס	נ	ר	ר	נ	ק	ה	ר	מ	י	א	ה	ה
ח	ז	י	ר	י	מ	ס	ק	נ	ת	פ	כ	י	י	ל
י	י	מ	ג	ק	ר	י	ט	י	ח	ו	ם	ם	מ	ת
מ	ה	ל	ו	מ	ו	מ	נ	ב	י	פ	ח	ו	א	ל
ה	ס	י	ם	ו	ק	כ	ז	ל	ל	פ	ט	ר	ר	א
ב	ס	ת	א	ל	ת	כ	ר	ש	ש	ט	פ	ת	ל	י
ו	נ	י	י	א	ו	ו	ת	ל	ה	נ	ל	ל	ה	ו
א	ל	ו	י	ת	ל	ע	ל	ת	ש	י	ש	ק	ב	ד
ל	ת	ו	מ	י	ש	ח	נ	ש	א	ה	ף	ק	ח	ת
ה	ט	ל	כ	מ	ו	י	ן	ה	פ	י	ל	כ	פ	מ
ו	ו	ף	פ	ש	ר	ז	ג	ל	י	ח	ר	פ	י	ר
ע	ר	ו	ד	ר	ת	א	ן	ל	ל	ב	ת	ג	ו	ה

דבק
ולא
חור
לנהל
להשתלשל
לפטר
מסקנת
סמן
בזכות
קריטי

רשמית
שליחת
חזיר
לווית
מקסימלית
תכנית
פרחי
באמת
לתרום
גזר

Puzzle 44

מ	ו	נ	ח	י	ם	י	י	נ	י	ע	נ	מ	י	א
ה	י	כ	ד	ד	ר	א	ד	ט	ו	ג	ת	ן	ב	מ
ל	א	ס	ק	ג	ע	פ	ר	ש	ה	פ	י	ס	ו	מ
מ	כ	פ	א	ב	מ	ח	י	ל	ל	ל	ב	ו	נ	צ
ל	י	ח	כ	ר	ר	ר	מ	מ	ו	נ	ה	כ	ב	ג
ן	ל	א	י	ו	י	ח	ר	ר	ו	י	ל	א	ג	ל
מ	ו	ד	נ	נ	ד	ד	ה	כ	ח	ה	ת	א	ח	ל
ב	ס	ד	ש	ל	א	ל	ם	ר	ו	ת	ל	ג	ע	מ
נ	ו	ה	ד	ל	י	פ	י	פ	ל	ע	ר	ד	ע	ד
ר	צ	ם	ה	א	ח	א	ר	ס	ס	ו	פ	א	ו	ע
כ	ר	ה	ו	ָ	ד	ח	ג	ה	ל	ר	פ	נ	נ	י
ב	ם	פ	מ	נ	פ	ס	ו	ו	ת	ר	ב	ע	ת	ָ
א	י	ה	י	ו	מ	מ	ב	נ	ר	א	י	כ	ה	ה
ו	ק	מ	ח	ש	ו	א	מ	ם	י	ו	ו	ש	ל	י

עיניים
בכה
ללמד
נתיב
חגב
ילד
ירח
להתנועע
לסלוח
התעורר

הספר
מונחים
השני
עגלת
ילדה
מבוגרים
אקדח
ארנב
מונה
בגדי

Puzzle 45

ש	ח	ר	ו	ר	ל	ש	י	פ	מ	ת	א	ר	ל	ו
ג	ו	י	פ	ט	ק	י	כ	ן	ת	ל	ת	ז	ד	ר
ס	י	ד	פ	ו	ל	כ	ב	ו	ש	א	ב	א	כ	מ
י	ה	נ	מ	כ	ס	ה	ק	נ	ר	ש	מ	ה	א	ו
ל	פ	ת	ו	ח	ה	ע	ש	צ	ב	ל	י	ן	ס	ה
י	נ	פ	ן	ו	ר	א	ה	י	מ	מ	נ	ו	י	א
מ	ש	ח	ו	ר	י	נ	ע	ח	ה	ל	ו	ג	כ	ב
ד	מ	א	ב	ל	א	מ	ה	ן	ס	ג	ד	ר	ח	ר
י	ב	ת	ב	נ	ה	ס	ו	ב	ו	פ	ח	א	ו	י
ו	נ	ק	י	ת	י	מ	י	ף	ה	ה	נ	נ	ת	י
ד	ח	י	ש	ג	ש	ש	מ	נ	ג	א	ל	י	א	מ
פ	ס	י	ו	ן	ל	א	ר	ג	ן	א	ר	נ	ב	ת
י	ש	ך	ם	י	ל	נ	י	ב	מ	ב	ל	ת	ר	ס
ג	ל	ו	ג	י	ב	א	ס	ל	י	ה	ל	מ	ל	ל

לדכא
אבא
אמן
חרד
סופר
מנה
ארגון
פטל
ארנבת
לכבוש

פסיון
כיסא
שחרור
צנון
נדיר
לארגן
לשאלת
המברשת
שחור
לפתוח

Puzzle 46

ר	מ	ת	ל	ט	ת	י	ב	ת	א	פ	פ	א	ח	ל
ק	ז	ח	ש	פ	ת	מ	ן	ו	מ	ע	פ	כ	ר	ה
ל	ו	ז	ק	ב	א	פ	י	ו	ע	ש	ר	י	ם	ר
ל	מ	ה	ו	ם	ע	כ	ו	ע	ף	א	ב	ל	נ	י
ד	ה	ו	ל	ת	י	נ	ל	כ	פ	ר	א	ת	ו	י
ל	נ	ל	ת	ס	פ	ר	מ	ח	ס	ת	נ	ב	ו	ת
ו	ב	ו	ה	פ	נ	ש	ע	ו	י	ו	א	י	ל	נ
פ	א	ז	ן	ו	ר	ב	ם	מ	ח	מ	ו	ש	ט	ע
א	ד	ד	י	ע	ן	ו	ח	א	ח	כ	ח	ח	ח	ח
ט	פ	ש	ב	י	צ	ה	ה	י	י	ך	י	ל	ה	ת
פ	ת	ש	ח	ר	ן	ב	ד	מ	ב	ג	ן	מ	י	ו
ס	ר	ו	ה	פ	מ	ו	י	צ	י	ח	י	נ	מ	י
ו	ן	ה	ר	ה	ל	ב	ב	נ	נ	א	י	ש	פ	ע
ק	נ	ו	ל	ל	ך	ש	ם	ס	ה	ש	י	ג	ר	ה

עשרים
חזק
יין
סבון
מלך
חשיבת
אכילת
שיא
פעימת
להפריע

כלנית
הרגישה
לשקול
מרפסת
להרי
בובה
ביצה
הלב
פעמון
תהליך

Puzzle 47

מ	ר	ו	פ	א	ו	ב	ו	ל	ע	ד	ע	ב	ה	ן
פ	כ	ש	י	ס	פ	ב	צ	ו	נ	ן	מ	א	נ	י
נ	ת	ו	נ	ב	ד	ת	ת	ר	ז	ו	ח	ז	א	ש
ו	א	א	נ	י	נ	ת	ל	ע	ל	נ	מ	ו	י	י
פ	ע	פ	ס	ח	י	א	ו	ש	פ	ג	ב	ר	ה	ר
נ	א	ל	י	ס	ה	ו	ל	ל	ח	ס	ט	ד	ח	ב
כ	ה	י	ק	א	פ	ק	י	י	ק	ב	מ	ו	ש	ד
ו	פ	ה	א	מ	ו	ג	י	ל	י	ו	ן	ס	ח	ר
ר	מ	פ	מ	ח	ר	ט	ט	נ	ת	ו	ו	מ	ו	ו
ר	ש	ש	ו	מ	ת	מ	ק	ל	ח	ן	צ	ח	ב	ם
פ	ע	ל	ו	ת	ר	צ	ו	ת	ב	ש	ו	ת	ת	מ
ף	ו	ט	ע	ל	ו	◌	ק	נ	מ	ש	ם	מ	ה	י
א	א	ס	כ	ח	ש	ג	ה	ד	כ	ת	ע	ו	מ	ו
ל	מ	ש	ל	ן	נ	י	א	י	מ	ו	ל	ר	י	ס

למשל
כפפות
קאפקייק
תרופה
חלל
לעטוף
חוזרת
בתוצרת
שיר
מסודר

קוקטייל
משולש
בדרום
חובת
נאמן
בסגנון
גיליון
שמפה
פיננסי
באזור

Puzzle 48

מ	ה	כ	ל	ה	נ	מ	ו	א	פ	ק	ט	ח	כ	י
מ	ל	ה	ב	ה	ד	ע	ו	ו	כ	ה	ו	ד	ט	ר
ה	ט	ר	ן	ן	פ	מ	ט	מ	ש	ם	י	ד	י	ה
מ	ה	נ	ו	כ	נ	ח	ם	ל	מ	י	ו	ם	ב	ו
ת	ת	ז	ר	ו	ע	ד	י	ר	ו	ה	ל	פ	ז	ב
ו	י	מ	ת	ע	צ	ה	ו	ת	י	ו	ס	י	כ	ל
ב	א	ו	פ	ן	ב	צ	ע	ל	מ	ח	ו	פ	ו	פ
ר	ע	י	ק	צ	ס	פ	א	ו	מ	פ	א	ה	א	ל
א	א	ו	ר	ו	ת	ו	כ	ח	ל	ע	נ	ש	מ	ו
ק	ר	י	ר	ה	ט	ב	ל	פ	ק	נ	ה	ו	ע	ב
ק	ל	ת	י	ר	ר	ע	ר	ו	ן	א	ו	א	ס	ו
ג	ה	ע	י	ו	ר	ר	ד	ל	כ	ח	מ	נ	ו	מ
ו	ש	ו	ס	ו	ת	ב	ו	נ	פ	ר	ו	מ	ק	ו
ת	ו	א	צ	ו	ה	ח	ף	ן	ד	ל	ג	ל	ו	ל

ידע
כיסוי
הוצאות
פתרון
משם
ווירטואלי
הורי
קרירה
לרדוף
ומנהל

הצעת
להפחית
אפקט
נכונה
לחכות
לעצבן
ועדה
ביזון
מאוכזב
בערב

Puzzle 49

פ	י	ל	כ	ב	ד	ס	ל	ף	ה	ק	ו	ו	א	·
ע	ר	ג	ר	ג	כ	ל	ה	ם	פ	ד	ח	א	ט	נ
י	מ	נ	א	ם	י	י	ש	ב	ב	י	ר	ו	ר	פ
פ	ר	ת	ד	ה	ר	ן	כ	ש	ר	כ	ש	ל	ק	ט
ח	ה	מ	ו	מ	ה	פ	ר	ט	ח	ל	ת	ל	ט	מ
ו	ת	מ	ר	ש	י	ח	ת	ע	נ	ע	נ	ן	י	ש
ו	נ	י	ד	מ	מ	ר	ה	מ	מ	י	י	ח	ב	י
ד	ה	י	מ	ח	ל	ח	ס	מ	ו	ז	פ	ל	י	ה
ם	פ	ה	ה	ד	ע	ו	ב	ת	ג	ו	ס	ו	ר	ה
ו	ר	ו	י	ד	י	ב	ו	מ	י	ן	י	ש	ו	כ
ר	ם	ל	מ	ר	מ	ל	ח	ו	ל	י	ל	ח	ש	ל
ו	ר	ע	ם	ס	א	מ	ב	ת	פ	ד	מ	ז	י	כ
ש	ד	ו	ה	ד	ש	ג	י	א	ה	ן	ל	צ	מ	ו
מ	ו	ח	ע	א	נ	ב	י	ו	ל	ו	ג	י	ה	ו

מישורי
אטרקטיבי
שגיאה
לתל
נפט
סכם
להשכרת
שכר
שמח
רחוב

שולחן
ספינת
ביולוגיה
להפליג
בבירור
מחדד
שיחת
נענע
אסם
מגזין

Puzzle 50

ס ש י ח י י ל א נ ק ר י ד ח ו

ט ו ו ר ל ך מ י ה א ר ס ל ה מ

ת ת ל י ק ו ל נ ו ע ש ע ט ש ע

ר ף ל ף ל ר ו ל ל א י ש נ ב ד

י מ ו ב א א פ ת כ א ל ה ו י ב

ן ד ת ל ד נ כ ו י ע ו א ר י ק

ו ד ר ס פ ר ש ו ם כ ז ה י ב ע

ו מ י ר ם נ ו כ מ ץ ם ש ה י מ

י כ י ח ג א ש פ ע ר ו ת ך ש י

ת א ר מ ת ל ר ר ו פ ס ל ו ו פ

ו ם ק ח ו י ו מ מ ת פ מ פ מ מ

י נ ח י מ ת ת ה ש ה ן ל ש ד מ

ס ב ק כ כ י ה פ ל ל א נ ל ע ד

ו ו ש א ר ן ד ן ר א י ל י נ ה

אלה
זול
יבש
משנה
מדד
סיכת
קיר
לספור
שפע
קריירת

לשפוך
להתפרץ
קולנוע
כפול
ארוך
הולכים
שותף
שומן
לשמוע
חריף

Puzzle 51

נ ל ה ו י ב ב ן ד ו פ פ י ק ל
ו ש ש ה נ ש מ ר ד ו ד נ ל ו ל
ת ח ל ע א ו א י ל ו ב ס נ מ י
ו ק מ ת נ ר י ה ו ן ו כ ס ת ן
ם ע י י כ א ש ר א ב כ כ א ק מ
ר מ ל ל י א ף ו ז א ו ד ו ש א
ן ע ב י ר כ צ פ ר ד ע ע י מ מ
י מ א ר י פ ת א ח כ ט ג י מ י
ל ה ר א ו ת ת ה י ע י מ ל ◌ ס
מ נ ו כ י ת ה צ ת ם ת ל ח י ה
י ו פ ל ז כ ו ר א י נ ת ם ב י
נ פ י ב ה ו ס א ר נ ת ל ע ו ת
מ א צ י ו נ מ נ ב י י ק מ פ ח
ת נ ה נ י מ ז מ י מ ה ר ב ח ב

משיגים
ציפור
לחם
ברות
לזכור
לשחק
מזמינה
אפונה
באותו
כאשר

כיתה
אכפת
תועלת
להראות
מאמן
צפרדע
האפור
מינים
אזרחית
בחברה

Puzzle 52

ש	ע	ה	ת	ת	נ	ן	ד	ה	א	·	י	כ	ן	נ
ב	צ	מ	ר	ק	מ	ו	ה	ל	ב	ק	פ	ל	א	ה
ת	צ	ח	ת	צ	ש	פ	כ	ג	ל	ס	ת	ע	ר	מ
ר	א	ל	א	ר	ק	ב	ם	ט	ו	צ	ע	י	ר	ה
ו	ל	מ	ל	ח	ש	מ	ת	ה	ך	ו	ב	ס	ה	ל
ה	פ	ה	ן	ח	ע	ם	ב	פ	ן	מ	ר	ר	ה	ך
ו	ר	כ	ו	ע	ל	י	ז	ר	ו	ב	ע	ה	ש	ש
ל	י	מ	מ	ב	צ	ד	ג	ק	ד	א	ה	ב	ה	כ
ה	ב	ר	ח	ל	ג	ל	ט	ה	ע	פ	ר	ו	י	ל
י	י	ה	ס	ו	ו	י	י	י	ו	י	ר	ג	ז	א
ר	ל	ש	א	ר	מ	ר	ה	ב	מ	י	ת	כ	ם	פ
ג	ג	ל	ה	נ	י	ח	ק	ם	ל	י	פ	כ	ה	ל
ע	י		ש	ג	י	ג	ר	ר	א	ל	ו	ו	ב	מ
כ	ה	ת	מ	ר	י	י	א	פ	פ	ש	ר	ע	ר	ב

קצרה
צעירה
הגיע
קלט
ראש
שעה
להניח
להירגע
גומי
הסבוך

המהלך
עבור
להכפיל
עליז
לאתר
מועדון
בצד
המלחמה
ילדים
פריבילגיה

Puzzle 53

ת	ן	ל	ה	ו	ג	ה	ר	ר	ח	מ	י	ת	ל	צ
ה	צ	ת	י	ן	ט	צ	ב	מ	ו	ש	ה	ה	פ	ו
נ	ת	ק	ד	ק	מ	פ	י	י	ן	ט	פ	כ	ו	ל
ה	ו	ן	א	ח	ו	כ	ש	ל	ט	ע	י	ו	מ	א
ב	ו	ז	כ	ק	ס	י	ד	נ	מ	נ	מ	ק	ו	י
ר	צ	ו	ן	ל	ב	ש	י	י	ת	ה	ר	ם	פ	ע
ת	ש	ה	ר	ן	ת	ן	ם	ר	ד	ו	פ	ט	ו	פ
נ	צ	ר	ל	ה	ו	כ	י	ח	ב	נ	ה	ר	ל	י
ך	ב	ן	ש	ה	נ	ח	צ	נ	ו	ו	ו	ק	ו	א
נ	נ	י	נ	ל	נ	ט	ו	א	ע	ו	ו	ש	ד	י
ה	ח	א	ת	ת	ו	ו	ר	ע	ע	ה	ה	ב	ג	ב
י	ו	י	י	א	ב	נ	ת	ר	י	מ	א	ב	ל	ע
מ	מ	ח	ש	ב	ת	ה	ר	ן	ר	צ	ל	י	י	מ
פ	מ	ד	א	צ	ה	נ	מ	צ	ט	ע	ר	ת	י	ח

חדה
קיטור
לקח
קמפיין
זוהר
לתקן
התיישב
לגדול
התבוננות
להוכיח

שבבית
רוצים
מצטערת
מחשבת
רצון
עובד
אמירת
לשכוח
שנתי
אלטרנטיבה

Puzzle 54

י ע ת כ כ ר ז ח ס נ ו ם ג ן ו
ס י ח פ ב ש ר י ס ו ד י ח ס ו
ע ט ת ן ק מ י ו ן ה ש נ נ א ס
ו ו ד ל ג י ד ו ר ה מ י ב כ י
ר ר ב כ ע ה ד ר צ ש ב ב ח פ ע
ל מ ב ו צ מ כ ה ו ת מ מ ו ל נ
ב מ א א ת מ ו ל ת ל ד ת כ ל מ
ח ו ח י נ ע ו ף ה א ד ש ט ה ה
י ד ו ר ו ת ו פ צ ל י י נ ו ע
ו ש כ ה כ ג ד י ה א ו ר א י פ
ה ק ח מ מ כ א ב פ צ נ ◌ י ו א
פ י ע ש ם מ מ ר י ו ת י ה ש ל
ג ת ו ו י ע ת מ א י ר ל ס ו ע
ן מ ו ג ר צ ו ו ת י א ש ת ח י

לצפות
זרי
מבינים
שקית
מכונת
אתמול
סלרי
תחת
עשירי
להרוויח

גישה
העכבר
עוני
תפקיד
יסעור
רשמי
יסודי
באחו
לגידור
מלכת

Puzzle 55

ע	ו	י	ו	י	ח	ח	מ	ס	ק	י	ב	ח	מ	ד
פ	ל	ה	ע	ל	י	ב	צ	ק	ב	כ	ם	ת	פ	ב
ר	מ	כ	ך	ת	ל	ת	א	מ	נ	ו	ת	כ	א	ז
ו	ת	ל	ו	כ	ק	י	כ	פ	ל	ל	נ	ה	ר	י
נ	ח	ו	נ	ו	ק	ב	י	ש	ל	ת	ל	י	ב	כ
ו	ו	פ	י	ע	ל	ו	א	נ	נ	ס	ב	ס	ך	פ
ת	ש	י	ח	נ	ג	י	י	ו	י	י	ו	י	ן	ל
ן	ה	ט	ל	ה	ן	ח	ב	נ	פ	ב	מ	נ	מ	ש
ו	ק	ה	ט	ת	ד	י	ס	א	א	ן	ל	ת	ו	ב
ה	ד	ה	א	נ	ף	מ	ה	ו	ר	ח	ח	ל	ן	ו
ר	נ	ע	י	ם	ו	כ	ר	כ	ד	ב	ת	ה	ו	ר
ת	ו	ק	י	ח	צ	מ	ו	ו	ג	א	ל	ד	ו	י
ג	נ	ב	ח	מ	ד	מ	ש	פ	ם	ו	ח	ל	כ	ו
ד	מ	ב	צ	ח	ד	ב	ע	א	ח	ע	פ	מ	ע	ש

כול
מצחיקות
בקצב
להעליב
סקי
חינוך
טיפול
באופן
כרכום
חיובית

ואננס
יכולת
יעלו
לשבור
תחושה
עפרונות
שלום
עשור
אבק
מנות

Puzzle 56

ג	ת	פ	ב	ו	ב	ב	ט	מ	ר	מ	ח	מ	נ	מ
ו	ו	ה	ה	ו	ו	ע	ב	ה	מ	ש	א	י	ו	מ
מ	ו	כ	ג	מ	י	ב	ע	י	ד	ו	ו	י	ל	ח
מ	ך	ט	נ	ש	ש	ר	י	פ	ח	ל	צ	ו	ד	י
ו	ב	נ	ה	ג	מ	ס	מ	ר	א	פ	ר	ע	ה	ט
א	ו	ד	י	ש	ן	י	א	ג	ת	ל	ו	י	ח	ד
מ	ש	ו	צ	ל	ע	י	נ	ו	ב	ר	מ	ת	ת	ק
ה	ר	ט	ל	י	ד	כ	ש	א	ם	א	ל	פ	ח	ק
ה	מ	ס	ו	ג	ו	ס	ר	ג	מ	י	ש	ה	ג	נ
ר	ח	ה	ג	י	פ	ק	פ	ה	ה	פ	מ	ו	ו	ש
ח	פ	מ	ר	ו	ט	א	ס	ת	כ	ל	כ	ו	ל	מ
ן	מ	ו	ד	ו	ת	י	מ	י	נ	ב	ד	ב	ו	ד
נ	ל	ס	ת	ן	י	ג	ו	ק	ו	ס	ג	נ	י	ת
ג	י	מ	כ	ה	מ	ו	ד	מ	ק	ע	ב	ת	י	ש

הפתיעו
טבעי
לפלוש
הגאוגרפיה
בעבר
מאוחר
ברמת
בהגנה
הסטודנט
אודישן

רקטות
גמישה
ממוצע
מדומה
דובדבני
רגולציה
נולדה
מסמר
מספר
מלוכלכת

Puzzle 57

ז	ל	פ	י	י	מ	ע	י	ל	ה	ם	ת	י	י	ו
ס	פ	ס	ח	ו	ר	ף	ו	מ	י	ל	ו	י	ל	ל
ו	ח	י	ל	י	נ	ל	מ	ד	נ	פ	ל	ח	א	פ
ו	ד	ק	ל	ב	ע	ה	ו	ר	ס	כ	ה	ד	ד	נ
ר	א	ב	ו	ה	פ	ש	ב	פ	י	ו	נ	צ	ב	מ
ק	ת	נ	ר	ג	ע	ק	ר	ק	ו	ם	ת	ף	ל	ל
מ	י	ה	ס	מ	ה	י	ו	ו	ו	פ	ה	ה	א	ה
ם	י	ו	ז	ת	ל	מ	ר	נ	ת	ה	ן	ג	מ	ל
י	ס	ת	פ	ב	ו	ז	ב	י	ו	ס	פ	י	א	א
נ	ו	ע	ר	ר	ה	ח	ג	פ	מ	ר	י	ד	ל	מ
ו	ל	ו	ן	ח	ד	ל	צ	י	ר	ר	מ	ו	ע	ב
מ	כ	י	ל	ד	ר	ת	ש	נ	ל	ו	ל	י	ן	מ
ר	ו	צ	ס	ל	ך	פ	פ	ד	ח	י	מ	א	ן	ש
ע	א	ר	י	ח	מ	ג	ש	ד	ם	י	ו	ד	ע	ת

להם
ברור
ערמונים
התנהלות
קרקע
בשפה
פופולרי
מזחלת
רגע
פינוק

מדחום
חורף
מילוי
פסיק
נבונים
מעיל
דרך
אוכלוסיית
כפל
לבד

Puzzle 58

ן	נ	ל	ק	ח	י	ת	ר	ב	ח	נ	ל	ד	ה	ס
פ	ל	ס	ג	ת	ו	ת	ו	ש	ד	ח	ב	כ	ז	פ
ו	ת	ר	פ	ס	מ	ה	צ	ו	ח	ה	ו	ו	ד	ה
ל	ל	ל	נ	כ	צ	ב	ג	ר	ס	ר	ו	ם	מ	פ
ל	פ	ת	ח	נ	ד	ע	ו	ר	י	א	ן	י	נ	ת
ע	ל	י	ק	ה	ו	ת	ס	ט	א	ס	ל	י	ו	ו
י	מ	ש	צ	א	ח	ן	ת	ס	י	ג	ל	ט	ת	מ
ל	ח	ו	ן	ב	ר	ל	ם	מ	ר	ר	ג	ר	ו	פ
ר	ת	פ	ל	ט	י	ר	ת	ו	פ	ב	ה	פ	ו	ת
ו	כ	י	ר	ו	נ	א	מ	ר	א	ה	ן	נ	ו	ש
כ	ג	ח	ד	א	ג	ו	ו	י	ע	י	ק	ו	י	ע
מ	ב	י	י	ל	ת	ת	ש	ו	ו	י	ד	ש	ר	מ
י	ס	א	א	נ	ח	ל	ד	ג	ב	ל	ו	י	ק	ן
ק	י	נ	מ	ו	ן	ה	מ	ד	א	ח	ר	א	י	נ

חדשות
לסגת
לפתח
לראות
נכס
עור
צבי
רגלי
חיפושית
פרטיים

תנין
צהוב
קינמון
המספרת
אחראי
חברתי
הזדמנות
החוצה
נלקח
דוח

Puzzle 59

א	י	ש	ס	ן	ל	מ	י	ח	ה	ת	נ	ו	ע	ה
ל	מ	ב	נ	נ	ל	צ	א	ת	ר	א	א	ף	ה	ע
מ	י	ק	ט	נ	י	ם	ו	ל	א	ן	א	י	ן	ד
ר	ו	ח	ד	ח	כ	מ	ב	ת	ת	י	ס	כ	ז	ו
ו	ו	ש	ע	ע	א	ג	מ	ו	ו	ט	ר	ם	ש	ה
ד	ר	ן	ה	י	ה	ו	י	ל	ו	נ	כ	ו	כ	ב
ו	מ	כ	ה	י	ל	כ	ב	ר	מ	ע	ן	נ	ע	ש
מ	א	י	פ	ק	ה	ל	י	ב	צ	ל	י	ו	ו	ו
י	ח	מ	ן	א	מ	ה	ל	ב	ע	י	כ	ט	ת	מ
נ	ל	ב	א	ו	ר	ת	נ	ך	ק	י	ה	ל	ב	ק
נ	ן	ד	י	ד	ס	מ	ח	כ	ב	ם	ל	ש	מ	ר
ט	ר	א	נ	ס	א	ו	י	ה	נ	י	מ	ה	א	ב
י	ה	ר	י	ב	ל	פ	ה	ת	נ	ר	ם	ו	ט	ע
ת	א	ר	ו	י	ל	מ	א	ח	מ	נ	נ	ב	ב	ד

התנועה
אין
חתלתול
להקפיא
סביר
כיף
לצאת
שלטונו
קטנים
להכין

להאכיל
כוכב
דומיננטית
נעליים
אירוע
ההיסטוריה
מושב
קבלה
עצמו
בהודעה

Puzzle 60

ה	ה	ן	ו	ר	ת	י	ה	מ	י	מ	ת	ח	י	כ
ו	כ	ל	ו	ב	ד	ה	ת	ס	ל	ה	ת	ע	ל	ם
נ	ו	ש	ר	ו	ו	א	ל	א	ר	צ	ו	ף	ב	מ
ו	כ	ו	י	י	ע	ח	י	ל	ט	ב	ו	י	ת	ג
ו	ע	ל	ע	י	ת	ר	ח	ה	ב	ל	ל	ו	ח	פ
מ	כ	ש	ע	ח	ו	ו	ת	ת	ח	ד	ל	י	ג	ח
ר	ו	נ	י	ו	כ	ן	י	ר	י	י	מ	צ	ו	ס
ו	כ	ד	ר	ד	ח	ך	נ	ח	א	ג	ע	ג	ר	ה
א	ב	ן	ה	ו	מ	ד	ב	ש	ח	א	ל	א	ה	ד
ח	מ	ה	ל	א	ג	ס	ו	ב	ת	ס	א	ש	ל	מ
ח	ט	ה	ג	מ	י	א	ה	ד	ג	ד	ל	י	ל	ש
ו	י	ו	ב	א	מ	ר	ע	ר	ם	ח	מ	נ	מ	א
ד	ס	י	ו	ל	ת	ו	א	ח	ת	י	י	ו	י	ל
כ	ל	מ	ג	א	ח	ג	ו	ח	צ	ת	ע	ל	י	י

שלוש
לטאת
לילד
מעורבת
דיג
חסה
ירה
עיר
האחרון
גבעת

תחילת
להתעלם
כלוב
רצוף
להתרחש
חוות
היתרון
תעודת
חגורה
ללוות

Puzzle 61

ל	מ	ל	ל	י	ת	כ	י	ו	ו	ד	ה	ו	ר	ר
ן	ב	ס	צ	ע	ת	ה	ד	ל	ר	ד	ו	י	ל	ר
ע	ש	ה	ו	ר	צ	ח	ל	ו	ו	ר	ת	א	ר	מ
ה	מ	ח	ף	פ	ה	ן	ד	פ	ו	ק	י	כ	ו	ן
י	ח	ו	ה	ע	י	ת	ו	נ	ו	ת	ו	י	ק	נ
ת	ה	ף	ל	א	ש	נ	ג	ל	ש	י	ו	ר	צ	ו
י	ר	ה	י	ת	ג	ר	ס	ל	ה	י	ר	ק	ב	ל
י	ט	ת	ל	ן	ת	ו	ו	ו	א	ו	ס	מ	ס	נ
מ	מ	נ	ב	ל	ר	ש	כ	י	ס	ט	ל	ח	ה	ב
ב	ד	א	י	ו	ב	ר	ר	ו	ן	ט	ר	ט	מ	ג
ר	א	ק	ה	ד	ו	ת	ע	ל	ר	כ	ה	ל	ל	ן
ו	א	ל	ב	ו	י	ז	א	ר	ג	ד	י	י	ך	י
ל	ת	ו	צ	א	ה	ת	ה	מ	ן	י	כ	ר	י	ו
י	מ	ד	ת	פ	מ	ה	י	ך	ד	ה	ת	ח	ר	ה

מראת
ברוקולי
סוכר
בהחלט
נתן
תוצאה
צוף
החוף
גודל
להירקב

בלילה
התזת
עתודה
מאבק
בשמחה
לנפול
מטרה
לחצר
לצייר
העיתונות

Puzzle 62

ח	·	ם	ן	ו	ד	מ	פ	מ	ע	ן	ש	כ	ר	י
ב	נ	י	י	ר	ק	ע	נ	י	ב	ן	ו	י	א	ר
ט	ת	ו	ל	מ	נ	ו	ת	פ	א	ל	ה	ש	ג	ם
ה	מ	י	ר	ך	ע	מ	ד	ש	ב	ת	י	ד	ב	ו
מ	ג	ח	כ	ש	מ	פ	ו	ם	ו	ח	ד	ו	מ	ל
ג	ר	ף	צ	מ	א	מ	ל	י	ו	ק	ו	ה	ה	ז
מ	ן	ס	ת	נ	ש	ס	ל	ן	ה	מ	ו	ר	ה	ן
כ	ב	ו	ל	ו	ה	ל	ו	ח	ה	ט	מ	א	א	מ
ז	ו	א	ר	צ	א	צ	ל	י	ת	י	ו	ל	ו	י
ה	ס	ה	ו	פ	ו	ת	ג	ס	י	ם	י	י	י	ו
ו	מ	ל	פ	צ	י	ת	ת	ת	ר	ו	ש	ק	ת	ב
א	ל	ת	י	ו	ל	ע	א	ע	י	ם	פ	ד	א	ב
מ	א	א	א	י	י	א	י	ב	ן	נ	מ	◌	ף	מ
ו	ת	ר	ו	מ	ר	ל	ר	נ	ש	ה	ת	א	ש	ל

גרף
איפור
כזה
ראיון
משך
לשאת
לתאר
שכח
מסוכן
בתקשורת

גלול
למנות
חבטה
יצוצו
האוסף
לפעמים
נייר
החולה
עיפרון
קמטים

Puzzle 63

ב	ר	י	ט	ק	ת	א	ר	ק	י	ע	י	ו	◌	ר
ד	ו	ה	ב	ן	ק	ת	מ	ר	ל	ש	ו	מ	א	ס
מ	כ	נ	ס	י	ר	ר	ג	א	צ	ה	מ	ש	ל	ת
מ	י	ל	ר	ל	י	י	ק	ר	ה	ו	א	ל	ל	ד
ו	ר	מ	ו	נ	ת	ד	נ	ה	א	ר	ו	נ	ה	ג
ח	א	י	ל	ז	מ	ו	ן	ח	ד	ו	ב	ו	י	ל
א	ב	ן	ה	י	ח	ן	ר	ם	ק	כ	ל	א	ט	ע
א	מ	ח	ו	ר	ו	ן	ו	ו	ה	י	ר	ס	ה	ר
ו	ר	ת	ו	ט	ש	פ	ת	ה	ה	נ	ד	א	ן	ע
ד	ם	ו	ל	ר	ו	ת	ו	א	ל	י	ו	ה	נ	ס
ל	י	פ	ם	ו	ג	ד	ר	י	ד	ג	ה	ל	מ	ר
מ	ק	ו	ת	פ	ר	מ	ה	צ	ל	ח	ת	ת	ח	ת
י	פ	ח	ג	ס	ה	ו	ט	ב	ה	ג	פ	ח	ע	ה
ד	נ	ש	ט	צ	ב	מ	ב	ג	מ	ל	ש	ה	ח	ו

תקרית
דגל
הוא
אקדמיות
מוח
עשה
התפשטות
תקן
המראה
נוראה

ספורט
פותחן
הצלחת
מכנסי
ללהיט
לבוא
וילאות
להגדיר
שלנו
אמת

Puzzle 64

ש	ו	ו	א	ם	ן	פ	ר	ה	ר	י	ה	ד	ל	ע
ל	י	ל	ך	י	ר	ע	ה	ל	כ	ו	ו	י	פ	א
ל	ט	י	ו	ו	י	ה	ד	ו	ג	ו	ב	ר	נ	כ
כ	י	ה	ח	ס	ל	נ	ש	ה	ם	ש	מ	ס	ו	ן
ב	ל	מ	ת	מ	ו	א	ו	א	ח	נ	א	נ	ת	ו
ה	ו	ב	ר	ש	פ	ג	ז	ה	ת	ר	ו	פ	ו	ן
ה	פ	ה	כ	ו	ל	ל	ת	פ	מ	מ	ו	מ	ה	ת
ח	י	ז	ה	ש	ק	ו	ף	ב	ו	ו	ו	ו	ז	ש
מ	ש	ר	כ	ד	י	ל	ח	מ	י	ל	ג	ו	ו	ל
נ	ל	א	ק	ו	ע	ר	ן	ך	ה	י	ן	ש	ו	נ
ת	י	נ	ו	ר	מ	ז	פ	ת	ש	ע	פ	פ	מ	ע
ד	ו	מ	ד	מ	נ	י	ו	ת	ו	ר	ח	ת	ר	ו
ה	מ	ב	צ	ע	ת	ה	ה	ת	ח	ו	מ	מ	ש	ס
כ	מ	ר	ו	ם	י	ו	ב	מ	מ	ב	ל	ן	ג	ל

הכוללת
ממש
מפת
פוליטי
דומדמניות
פרה
פרס
להעריך
השקוף
מסוים

גישת
תחרות
נמוכה
לפנות
המבצעת
לילך
בכלל
דהירה
זהב
זהות

Puzzle 65

ו	ח	ב	ל	ל	ק	ב	פ	נ	ם	י	ק	ת	מ	מ
ת	ת	ו	ו	ל	ף	י	נ	ס	י	א	ת	מ	ה	מ
א	י	א	ע	מ	ט	ו	מ	ה	ש	פ	ר	ד	ו	כ
כ	ש	ה	פ	ו	ע	ל	ל	ן	נ	ר	ס	ה	ש	ר
נ	ס	א	א	ד	ל	ק	ח	פ	א	י	ע	ת	ו	ד
ו	ד	ף	ד	ת	ט	י	ש	ב	ץ	י	ל	מ	מ	מ
י	פ	ן	צ	ל	ל	נ	י	ו	ר	ד	ו	ו	ס	ה
צ	ר	ו	ט	ם	ו	ו	א	ל	ן	ר	ג	כ	י	ד
מ	ק	ד	ב	ר	ו	ל	מ	ד	מ	ל	ה	ל	ן	ר
נ	ל	ל	י	א	ד	ה	ע	ק	מ	ט	א	ד	ח	נ
ש	י	ם	ב	ע	ב	א	ק	ר	י	ח	ו	מ	ר	ה
א	ג	ב	ה	ר	ב	י	ע	י	ב	א	מ	ס	נ	מ
ה	ר	מ	ר	ק	ו	ס	פ	ל	ש	ב	ק	ר	ת	ש
י	ה	צ	ג	ג	ו	ל	ן	מ	ר	נ	מ	ק	ש	ב

נשאה
מסרק
הרביעי
ממתקים
הסוודר
משב
פרק
נשיקה
רגיל
סניף

ללמוד
רפאי
ממליץ
גרבי
חומר
לפסוק
לערבב
אנשים
שיטת
בקר

Puzzle 66

ד	ח	י	ו	ד	ב	מ	ד	ע	י	מ	ד	ם	ח	ח
ב	ו	ח	י	ר	ז	ה	כ	י	ו	ו	ב	ו	ר	א
פ	ש	ה	ע	צ	מ	ם	ק	ו	ל	ד	י	א	מ	ה
ם	ש	צ	י	ו	ן	ש	ל	ו	ג	פ	ל	ת	א	ה
י	ת	ה	ע	ל	ו	ת	י	ת	ו	ב	נ	פ	ו	ש
י	מ	ה	צ	ח	ל	כ	י	ו	ו	נ	י	ם	כ	י
ס	מ	ה	ה	מ	י		ו	ו	י	ק	צ	נ	ו	ב
ר	נ	ח	ח	ז	פ	ה	·	פ	ב	ר	ע	ר	ה	צ
ל	ו	ל	ס	ו	א	ם	ע	ו	ש	ב	ת	ו	מ	י
ו	ך	ע	ד	ן	ו	מ	ו	ו	י	ד	ט	ו	ד	ט
כ	ה	ד	ד	ה	י	א	ל	ד	ו	ב	כ	ב	ב	ו
ה	מ	ס	י	י	ו	ס	י	נ	ה	ו	ב	ו	ר	ט
ע	ל	ב	ו	ל	ש	ל	ב	ד	כ	י	מ	כ	י	א
ל	ל	פ	י	כ	ב	צ	ו	ש	י	ו	ש	ב	פ	ה

גבינה
המדבר
ציון
העלות
כיוונים
דומה
מזון
פתאום
עצמם
בזמן

חוששת
קיווי
אמר
אפילו
ציטוט
הניסוי
קשוח
עצי
רוב
בכבוד

Puzzle 67

כ ט נ י ק כ ע ן א צ ן ר ג ב ז
ל ר א נ ר ו א ח ת ע ל ה ר מ ו
כ ו ח י ה מ י · א א ש ב ל ש ר
ל פ ך מ ש ט ט ד כ י ע נ י א א
י י י ט פ ר ו ן ב ו ף ת ת ש מ
י פ ע י ע ת פ ס ן ר ה נ י ד מ
ר ר ר ו ה מ ס מ ה צ י ר ג ת א
מ ן ש ב מ ד א ו י ח ה כ י ל ה
ת י א צ ח ו י ת ת ח ה ת י ו נ
א ל ו ח מ י י ו ן ז ת א ג ו ב
ז ר ב ר ד ק כ ל ת פ ת י א י מ
ס נ ל י י נ י נ ל ב ה ו ת ש א
מ ה ת ח ד ו ו ל ק ח נ א נ מ ב
א ש ר פ ס ע ה ס ן ב מ ו ש מ ח

מטרת
בדיוק
אשת
חמש
טופס
ויטמיני
משתתף
השפעה
ערש
הליכה

מדינה
מדויק
טרופי
ברבעון
כריך
מבנה
אתגר
חצאית
כלכלי
מחול

Puzzle 68

מ	ד	י	נ	י	ו	ת	ת	ה	נ	ק	ה	י	מ	מ
נ	ה	נ	ם	ל	ב	י	צ	ק	ה	ל	ז	ם	ת	כ
י	נ	ק	א	ו	י	ו	פ	ר	ס	ף	י	ע	צ	ו
מ	ר	י	מ	ל	ר	ו	י	ז	ו	ה	ל	י	ט	נ
ן	י	ר	ע	מ	י	ז	י	מ	ל	ל	ע	י	ג	נ
ת	א	מ	ד	ו	ר	ר	ל	כ	ס	י	ש	ו	ח	ו
א	ו	א	ו	ת	ת	ת	ו	כ	ל	ע	א	ח	ת	ה
מ	מ	ק	ו	ס	ם	י	ד	ב	ו	ע	ח	י	א	ה
י	צ	ה	·	ו	ח	ס	י	ע	ס	ן	ת	ו	ת	ד
ן	י	ל	מ	ב	ן	י	ג	ר	מ	ל	מ	ת	כ	ו
י	ת	ד	ג	מ	ל	ס	ת	ע	ל	ו	מ	ת	ת	ת
ק	ב	ף	ה	ל	ג	ב	מ	ך	ב	י	צ	ר	נ	ב
ש	ה	ז	ו	ר	פ	ח	ד	ב	ק	מ	ן	ב	ו	ת
א	ו	ר	ו	ג	ש	ק	א	ה	ם	ו	ש	ל	ה	פ

עליית
מרוצה
לזרום
עליזה
מזרקה
גידול
תעלומת
מדיניות
מסולסל
רעב

אדמת
הקנה
אמין
בסיסית
צעיף
אמריקני
יריב
מככב
עובדים
נטילה

Puzzle 69

ז	מ	ו	נ	נ	ד	ד	ל	י	מ	א	א	ו	ד	כ
י	ס	ה	ת	נ	פ	ר	ש	ה	ש	ק	י	א	ם	א
כ	ס	ל	ב	י	ד	ד	ע	ה	צ	ה	ו	א	ה	ב
ר	פ	ר	פ	ו	ו	ר	ה	א	ע	ט	י	ס	פ	י
ו	י	ח	א	י	ן	ו	ע	מ	ו	ו	ר	ס	י	ר
ן	ו	ו	כ	ת	מ	כ	א	פ	ע	ס	ת	ף	צ	ת
מ	נ	י	ו	ת	מ	מ	ו	כ	ר	י	ם	ב	ע	פ
ו	ח	ו	ל	ס	ב	ל	י	ל	ח	ד	ה	ל	ק	י
כ	י	י	א	י	י	ו	א	ח	ר	ו	ח	נ	ת	י
ה	א	ת	ג	ו	נ	ח	ת	י	ז	ל	מ	ו	ס	א
ת	ר	כ	י	ז	ר	ה	ש	ע	מ	ל	ו	ה	ר	ד
ש	ל	ו	ח	ו	א	פ	ו	ש	צ	ס	ל	ו	ר	ע
נ	ו	ד	נ	ן	ל	פ	ב	ם	ב	ד	ן	ת	ת	ו
י	ד	ה	ו	ב	ל	ף	ה	ח	ם	ר	י	ס	ה	פ

להצטרף
מוכרים
אחיו
מניות
למעשה
רעוע
תשובה
צעקת
תרכיז
דחליל

למכור
מזרח
פרפר
מתכוון
לאחרונה
כאב
זיכרון
מלא
סיר
קשה

Puzzle 70

מ	ו	ת	ת	ל	ז	ה	ד	מ	ד	ב	ס	ע	ע	י
ח	ד	פ	ב	צ	כ	פ	ל	כ	ר	ה	ר	ה	ה	כ
ת	ט	י	ח	ר	ר	ו	ה	ב	ד	ק	ל	ר	ח	ת
ס	ע	מ	ש	ף	ת	ד	י	י	נ	ט	ע	י	ל	ו
ע	ת	ג	א	צ	י	ד	מ	ש	מ	ר	ו	ם	ש	כ
ו	י	י	ו	ר	ל	כ	נ	י	ל	מ	ש	ו	ה	ן
כ	ק	א	ב	ב	ב	ג	ב	ע	ו	ו	י	צ	כ	ס
ה	י	ג	ז	ו	ע	ר	ר	ם	ם	כ	ו	ע	מ	ד
ת	ם	י	פ	ו	מ	ק	ר	ו	ב	ס	◌	י	ה	ת
ד	א	ל	ג	ה	ט	ו	ד	י	י	ו	ב	ש	נ	י
מ	ד	ה	ו	מ	ו	ת	ו	ה	ו	ט	ז	ל	א	י
ד	ד	ס	ב	ו	מ	ס	ח	ד	נ	ר	·	ר	ם	ל
ר	ע	ו	ט	מ	ב	ת	ם	ה	ר	ף	ת	צ	ת	ן
ד	ב	ק	ח	א	ף	ב	פ	ג	ו	ת	ע	ו	מ	ח

לצרף
מדי
מטל
קרוב
מרק
ברצף
להימנע
תוכן
עתיקים
כביש

ניידת
מעגלית
הרים
חיטת
כועסת
חלשה
שועל
עצום
זכר
כהה

Puzzle 71

ו	ן	ת	ש	ל	צ	מ	ו	ן	ה	א	צ	ל	ב	כ
ג	ד	ו	ל	ה	ל	ף	א	מ	ר	ט	י	פ	ת	ח
ש	ו	י	ו	ס	ב	פ	ז	ד	ב	ח	פ	ו	ר	צ
ק	י	א	ש	ו	ה	ה	ר	ך	ח	ה	ם	ג	ל	ת
פ	ת	ו	י	ע	י	ר	י	כ	ה	ל	ב	ס	ו	ה
פ	נ	י	ם	ר	ע	י	נ	ה	י	נ	מ	ה	א	י
ש	מ	י	ה	ן	ו	כ	ו	מ	ז	נ	ד	ת	א	מ
א	ת	ו	ק	ד	צ	ז	פ	י	ב	ו	ה	ק	ח	ד
ת	ל	ו	י	נ	ק	מ	ן	י	ס	ע	ב	ד	ם	י
ל	ו	ב	ס	ל	מ	נ	ו	ל	ק	ד	י	מ	ה	י
ג	ו	א	ג	ר	ו	ו	ת	ס	א	ב	צ	ו	ל	ת
ה	ל	צ	ת	ו	ג	ו	נ	כ	י	ג	ת	ת	ה	ה
ל	א	פ	מ	נ	ע	ת	מ	ם	י	ר	ע	ל	ן	י
ו	ח	ד	ר	ל	ב	מ	ע	פ	ן	צ	ת	ר	ע	מ

דקות
לסכם
טיפת
המזהירה
צלב
מקצועי
גדול
מזכיר
להכיר
שלושים

התקדמות
פוני
חברה
לסבול
פנים
בנזין
כתום
קדימה
מערת
נתון

Puzzle 72

נ	ל	מ	מ	ש	ה	כ	ה	פ	ק	צ	ה	ר	ח	ו
א	ש	ט	ח	י	ד	ב	נ	מ	מ	ו	א	י	ט	ב
ו	מ	ר	ד	ו	י	ת	ו	מ	נ	ו	ו	ב	ק	ב
ב	ו	ר	ו	ק	ו	א	כ	ו	י	ת	ק	ב	ב	ו
י	ר	ר	ן	ד	ת	ה	ח	ת	ע	ר	ן	ד	ק	ל
י	ק	ו	נ	ב	ר	י	י	ו	ו	ו	י	ו	ט	י
ק	ה	ו	ב	ס	ב	ז	ת	ב	ע	ס	ה	ץ	י	מ
ט	ה	ו	ה	ה	ג	ב	ח	ר	פ	פ	ל	ק	ת	ו
מ	ב	א	ד	ן	כ	ע	ש	פ	ת	ו	נ	ו	ב	ט
ד	ב	ק	ל	ד	א	ם	פ	ה	ד	ר	י	ר	ף	א
צ	ת	ה	ד	ו	ו	ע	ע	א	ת	פ	ב	ח	ו	ד
ו	ו	פ	ל	ך	ם	פ	ת	ט	ע	ו	ג	ו	ר	ע
מ	ל	ש	א	כ	מ	ה	ק	ד	ח	ת	ל	מ	ש	ת
א	ת	כ	נ	ק	י	מ	ר	מ	מ	ת	ש	כ	ל	י

דעת
הנוכחית
מיץ
פרופסור
עפה
פרח
פשע
שטח
שכל
אבקה

אטומי
בקרוב
לשרוף
אובייקט
דוור
לשמור
לגבי
בדקו
קדחת
שמלת

Puzzle 73

ו	ד	נ	ו	ר	ב	ד	מ	ב	ב	ן	י	ש	נ	ו
ו	מ	ו	י	י	א	ר	ד	ד	ק	ק	נ	ר	ל	ע
י	ג	ב	ג	ת	מ	ת	ב	ל	ט	מ	מ	ג	ב	ת
ך	ז	ע	ר	ו	צ	ל	ו	א	ג	ר	א	י	פ	א
י	ע	ב	ט	ל	ע	ף	ל	נ	ו	ג	ם	ג	ל	ל
ש	ח	ה	מ	ג	ג	נ	ר	ו	ר	א	ו	ו	י	ד
מ	ל	ם	י	ל	ו	ח	נ	נ	י	ל	ש	פ	ת	י
ה	א	י	ב	ה	י	ט	ב	ה	ה	ח	י	ת	ס	ס
ל	מ	י	ע	מ	ת	ו	ח	ל	מ	מ	מ	ל	י	ו
י	ד	ח	פ	ד	ס	ת	ת	א	ח	א	ה	י	א	מ
י	ב	י	ו	מ	ו	ר	ה	ע	ל	ת	ו	ר	ס	ח
ו	ר	ד	מ	פ	ר	ס	ו	ם	א	י	א	ש	ב	מ
ה	ת	ד	ר	ב	ת	ו	י	ע	ח	ה	י	ע	ר	ה
א	ח	ע	מ	ה	ש	ו	ס	י	ב	ל	ו	מ	פ	ל

מדברת
לחות
גזע
לגלות
באמצע
להמשיך
פרסום
הביאה
טרגי
חולים

סתיו
הרבה
חסרות
המאושר
בקטגוריה
במדבר
מחברת
חיים
מגבת
מורה

Puzzle 74

ק	ה	ת	ל	ח	א	מ	ו	ע	א	י	א	ב	ד	ת
פ	ס	ן	כ	ד	ס	ח	ב	ל	ה	ל	נ	ל	ש	ק
ס	ח	ם	י	ד	מ	נ	י	מ	ח	ז	ו	ר	ר	ו
ל	ר	י	ע	ס	ו	מ	ת	נ	ו	ק	ש	ה	פ	פ
ו	ש	ו	ו	ה	ו	ן	ר	י	פ	י	י	ת	י	ת
ח	נ	ל	ב	ת	ם	מ	ק	ב	ת	ו	ך	ק	כ	ב
ץ	נ	ג	י	ר	ק	י	ו	ן	ח	ע	ב	ו	ג	ד
ו	מ	נ	ו	ח	ב	ת	י	כ	ה	מ	פ	מ	ב	ע
ו	י	ש	י	ת	ב	ר	ה	נ	ע	ל	ו	ת	כ	ל
ו	ת	ד	ח	מ	ה	נ	ע	מ	י	ר	נ	ו	ד	י
פ	כ	ד	ו	מ	ט	ד	י	ג	ו	ש	י	ג	ת	מ
ן	ל	ש	ר	ע	נ	ג	ג	ר	ע	ה	ס	ש	ו	מ
מ	ס	י	ד	ט	א	ג	ה	ו	ד	ש	מ	א	ם	ל
נ	י	מ	ת	י	ל	נ	ה	ן	ל	י	י	ה	ד	ל

הון
לספק
הגיעה
אנושי
ברבור
בתוך
נטה
נשר
יוקרתי
נוקשה

גלוי
תקופת
רשלן
תפוחה
אלימות
מחזור
שיניים
לוחץ
ממעט
מענה

Puzzle 75

ע ו ח י ת ל ח ד נ פ ו כ ל מ ה
נ ל י ת ש ף י ו כ א א נ י ת נ
מ ע ו ו נ ו ת ר ש ת מ ס ק א י
מ ו נ ג מ מ ע א ק ר א י צ ל ד
ו ז י ט ר ב פ ש ו י י ק ק ע ע
נ ב ו ס ו ר ש י ס ם ש ו ו ה ו
י א ת י ל ע ע ה ע מ א ל ל ג י
ת ו ם ר ק ס י ל ן ב ד ר פ א ב
ב ר ז נ ל ל נ מ א ל ה ח ט ב ב
ס ם ת פ ו ו ד ג י ת ד י ד מ ל
י ח ש ק פ ד מ י ל ל י ב ו ב י
מ ל ב צ ע נ א ע ה מ י ד ה ד י
ו י ב ר ן ז ד ק א ת ו א י ר ב
ר ב כ ג ו י י ו ב נ ש ת י ק ת

בבטחה
לבצע
בריאות
כבר
כנס
למה
למדידת
עדינה
זעקת
להישאר

מונית
חיוניות
העלאת
אקראי
עוזב
התקיים
פולקלור
עסוק
מיעוט
שווה

Puzzle 76

י	י	ל	ג	כ	נ	י	ה	ק	א	ו	ש	ב	ש	ג
כ	ר	ו	ד	י	ק	ב	א	ב	י	ה	ו	ו	י	ד
מ	ר	ש	ק	ו	ד	ב	ל	ה	ק	נ	ב	י	ו	ק
ם	ד	י	ח	ו	ו	ר	מ	י	ל	ת	פ	ס	ו	ת
י	ר	ה	כ	ן	ד	ב	מ	ק	ה	ח	ע	פ	ג	מ
ב	מ	ס	ל	ו	ל	ם	צ	ר	א	ל	י	ב	ו	ד
ש	ת	ד	נ	נ	ט	ס	ם	י	א	ד	ו	א	ס	ס
ב	ר	פ	כ	י	ק	ת	ע	ד	ו	ה	ש	י	כ	ר
ו	צ	א	נ	ה	ת	ש	ת	ן	ר	ר	י	ל	ב	פ
ה	ר	ש	א	ה	מ	ו	ד	ר	ן	ת	ש	ש	ט	ס
ן	מ	ל	י	פ	נ	ח	ג	ך	ד	ב	ת	י	ן	ק
י	ו	מ	ל	נ	ר	ת	ר	ש	ו	ל	א	ם	ל	א
ח	ר	ו	ז	ש	י	מ	נ	ר	ה	ק	ה	י	ו	ו
מ	ו	ו	ת	א	ן	ו	ף	ך	ה	ב	ה	פ	ש	מ

היו
רכישה
לשים
נתח
סוג
גבוה
היקר
כיוון
רווח
במסלול

ציור
הודעת
קופידון
תוספת
תחושת
לבדוק
מלאה
חרוז
בנק
אקספרס

Puzzle 77

ה ו ג ת ך ל מ ן מ ל ת ג ם ר פ
ב ו ל ש פ נ ק י ס א ו צ ר ק י
ב י ן א ל פ מ נ ו ל ל פ א ש ע
ל פ ה ד ל נ ו מ ג ב ש ן ה ע ק
ם ן ח ן מ ף נ י ל ר ח ו ב נ ל
ח ו כ א ע ש ר י ב כ ו ר י ר פ
ת מ ר ו ע ו ו ד ד ת ק ש ט ב י
ר ד א ו ת ך ל ו ח פ ל י ח ח ע
ו ק ע ן י ר ל ו ף ס ל כ ף ג י
י י ו מ ל א ק ר פ ע י פ ש ה ל
ת ש ו פ י ח ע י מ י ס ט ת מ פ
פ ם ו ל ש ב ח פ א ה ת ל י ל צ
ס מ ט ו א ב פ נ י ש א מ פ ה ד
ג ו ו ד נ נ ת ן ן י ב ר ב פ ג

אוצר
קדמון
ללקוח
לנפנף
שעועית
לדבר
לדחות
צלילת
להשפיע
דחף

לנבוח
חטיבה
יקר
ברכת
חיפוש
ספת
עשר
כישרון
שלו
מסוגל

Puzzle 78

מ	צ	א	ה	ד	ה	מ	ר	ל	נ	ח	ו	ק	ת	ת
ר	ר	מ	א	ו	צ	ן	ה	ח	מ	ם	א	ש	א	ר
מ	א	צ	ג	י	פ	נ	ה	א	א	ע	י	ת	ו	ב
מ	ג	ש	ר	מ	י	ד	ע	א	ו	ם	ה	ל	ש	ח
ח	מ	ו	ו	ק	ל	י	מ	צ	ל	מ	ה	ב	ט	ס
נ	א	ו	ף	י	ב	ב	ז	מ	כ	ת	ר	א	פ	ר
נ	ת	ו	ן	ל	כ	ו	ל	ו	ן	א	ה	מ	א	י
ס	א	ד	ד	י	ת	מ	ו	ב	ר	ז	ר	י	ו	ת
פ	מ	ה	ו	ט	ח	נ	ח	א	ל	ר	ו	ש	ס	י
ש	ה	ה	מ	ק	ו	ת	י	ת	ן	ת	מ	מ	נ	ש
נ	ב	י	ב	ר	ח	צ	ך	ו	פ	ל	ח	כ	מ	ו
ס	ל	י	כ	א	ת	ב	ב	מ	כ	ש	ע	ש	ר	א
ש	ב	נ	ו	ה	ת	ל	ט	ו	מ	ף	ו	ש	ח	ל
ע	ן	ו	ז	ל	ל	ק	ר	ש	ת	ל	מ	ו	פ	ר

שלהם
גשר
מצאה
חוק
ראיות
קשת
תירס
תאו
להניק
חמורה

האגרוף
מוטלת
הארקטי
לבלבל
אכיל
כמשי
מצלמה
ולכן
לחשוף
מידע

Puzzle 79

י	ר	ר	י	כ	ל	ל	א	ר	ד	י	ח	י	ר	י
ת	ו	ת	ס	מ	ו	פ	ב	א	כ	ו	ב	ד	י	ב
ו	ע	ם	ה	ג	ל	ל	ל	י	ת	ל	נ	ר	ח	ל
י	ע	ש	ק	ו	ו	ש	ל	י	ם	א	י	כ	ר	ה
ר	ש	ד	י	מ	ס	ל	ו	ה	י	ת	י	י	ח	ח
ט	ב	ד	ו	י	מ	ד	כ	נ	י	ת	כ	ו	ר	ת
פ	ט	ש	א	ל	ת	ן	ר	ת	ו	מ	ש	י	ל	י
ב	ן	ה	נ	י	ש	ל	ג	מ	ז	כ	י	ר	ה	כ
ט	ח	ש	ק	ל	ד	ו	ר	צ	מ	ח	כ	ל	ו	ה
כ	מ	י	ת	ש	ו	נ	י	ק	ו	ד	נ	ש	כ	ל
ל	מ	י	נ	ל	ו	ש	נ	ר	ל	פ	י	נ	י	ה
ו	ף	נ	·	ם	כ	ן	ת	ח	ה	ג	ס	ו	ל	ו
ב	י	ד	ח	ר	ו	י	ר	י	ת	ף	ת	ת	ה	ם
א	ו	ו	א	ש	פ	י	ב	נ	ו	ו	י	ו	ד	א

ללא
סולו
צמח
לרחרח
ראי
ריח
שאל
שלג
תות
החתיכה

פטריות
כולל
לשנות
שלילי
שבטן
מזכירה
שינה
כניסת
בחינם
תעשיית

Puzzle 80

ל ל כ ת י מ א מ י נ ה ר ו ח א
ת י ח ס ו ו ע ז א ש ת נ ק א ו
י ל ו א ◌ ח ק ל ו י ו י ד ה פ
י ד ו ד ר ן פ ג א ם ן צ ל ע ו
ו ר ט ץ ו ח ב ט ש פ ל ו ו א ת
ו ו ב ת ש ק ת ת ש מ ג ץ ד ה ל
י ק ו ח ר ע ש י ר פ ו ס ר ר פ
ב נ מ ר ד י ח נ ל ו י ב נ ר א
י ו מ א נ נ ס ב א י ת ו ב ר ת
א ו ל מ ר ה ג נ נ ד ח ט ר ל ב
ש נ מ ש י ש מ נ פ ח א ו ן מ י
ו י ר מ א ק ב ה ה נ כ מ ג ב ס
ל א פ ר ח ע ה מ ת מ ה י ו ח ד
ב ח ה פ ד ת ל ז ח ע מ ה נ נ ד

בחוץ
אחורה
ללכת
בננה
תרבות
לפשט
סירת
סיבת
רעש
השקעת

בטווח
ניצוץ
פחות
רוקנו
יסוד
נדרש
מאמינה
מארחת
מזלג
מכנה

Puzzle 81

מ	ה	ה	י	ל	ף	ת	מ	א	ל	ל	מ	מ	א	ד
מ	א	ו	ח	ר	ת	ע	ב	צ	ה	ק	י	ר	ז	ת
ע	ו	נ	מ	ל	כ	י	ו	ב	ב	א	ן	ה	א	ח
י	ר	ל	מ	ח	פ	ע	נ	כ	ש	ל	מ	מ	ת	נ
ש	כ	ב	ה	ו	ה	צ	ה	ר	י		ם	ד	פ	פ
ד	ח	ש	כ	ט	ד	ף	י	י	א	ח	פ	ת	ע	ל
ה	ת	ה	י	ב	נ	א	ד	י	ה	ר	ח	ד	י	י
פ	ו	י	ן	נ	ל	ו	ג	ב	ק	ו	כ	פ	מ	ה
ה	ם	ו	ל	ש	ת	ו	א	ת	צ	י	ה	ל	י	ב
ה	ב	ש	נ	ת	ח	א	ב	ו	ג	א	ו	מ	י	ק
ל	ת	פ	ק	ת	ו	ה	ע	י	ח	ת	ר	ח	ה	מ
א	ם	ב	ר	נ	נ	ה	ר	ף	ו	ח	י	ת	ו	ת
·	נ	א	ד	ג	ד	י	ן	י	ו	ר	ם	פ	ו	ק
ו	ן	ב	מ	מ	ת	ב	י	נ	ל	א	ו	מ	י	א

התה
הצבעת
לנקר
קרפדת
כתף
מאוחרת
הצהריים
האיש
רכב
רואה

בינלאומי
מודאגת
למנוע
תשלום
לשכנע
גירית
שכבה
זריקה
בטוח
דין

Puzzle 82

מ	כ	ן	א	ר	ד	ד	ר	י	ל	ב	י	מ	מ	ו
ר	מ	ת	ט	ן	ח	ת	כ	ק	ה	א	ן	מ	מ	ג
ת	ט	ב	י	ר	ו	ז	מ	ש	ז	ו	ב	ן	מ	ה
י	ב	א	ר	נ	י	ס	◌	ת	כ	ט	ל	ן	ו	י
מ	ש	ש	נ	ר	נ	·	ה	כ	י	ו	א	י	י	ש
י	ם	ו	ל	ח	ו	י	ו	י	ר	ב	ת	נ	ס	ו
נ	י	ו	מ	נ	כ	ו	י	ק	ע	ו	ל	ע	מ	י
י	ר	ב	ָ	מ	י	ח	ו	פ	ת	ס	ה	ת	ה	מ
ש	י	ר	ד	ע	ס	א	ו	ח	י	א	ח	ל	מ	ה
ז	ה	ח	י	י	ל	ק	נ	ת	ב	ה	ל	ן	פ	ב
י	ב	ק	ו	ח	ח	כ	ו	ה	ו	ב	י	ו	ל	כ
פ	מ	מ	ל	צ	ע	ד	ה	י	ר	ר	ט	ל	ח	ב
ד	ה	ל	ה	פ	ס	י	ק	מ	כ	ת	ו	ב	א	נ
ר	צ	י	נ	י	ת	פ	צ	ר	ל	ל	ד	מ	ב	ו

צחקו
החייל
כרובית
רצפת
רצינית
תפוחי
שׂוּנְרָה
להזכיר
חלום
לסיכוני

המבהירים
הכל
באוטובוס
חרב
מלח
מעל
להחליט
עדר
סינר
להפסיק

Puzzle 83

ו א ב י ר מ ם ע י ב י ס ר ג א
ס נ מ נ י ש ו א י ם נ ש ג ר נ
ו ל ה א ר י ך ע ע י כ ב ל י א
ש ר ו ג נ ש י א ח ע ר כ ת ה י
ד ק ב ו ת י י מ ו ב ק י פ ס מ
ש צ כ א ס ל ח ק ו ר ד ל ב ר ע
נ י ב ל י ה ל ב ת א נ ד ן ר ה
נ ן צ ו ו ד ח נ נ י ס ק י ר כ
ו ו ו ע ו מ ס ת ב י ב ס ה ה ר
ץ ר ש פ מ ג ת ו נ ב י י ב ש י
ן נ ב ל ת פ נ י מ י א ה ג א ו
ב ב ם י מ ת ו ח ל ש נ ד י ח ו
ו א א ל י א ר ו מ פ י ה מ א ש
ל י י ק ש א ג ו ב י נ ג מ ה מ

לפעול
מגניב
לחקור
מוסד
אגרסיבי
פנימי
גור
נרגש
נשיא
נשלח

לחייך
מתוח
מספיק
לצוץ
קצין
ארבעים
להאריך
לסייע
סביבת
נישואים

Puzzle 84

ש	י	ס	י	ע	י	ל	ל	כ	ת	ו	ל	פ	מ	ו
ש	ב	ת	א	כ	ק	ו	ת	ת	י	ך	י	מ	ב	פ
ד	ו	ד	א	כ	ד	ד	ב	ג	ן	ו	ב	ש	ח	מ
ו	ד	ן	ו	פ	י	פ	ע	ו	ד	מ	א	י	א	ל
ן	ה	נ	ה	ר	ו	ב	ד	ב	ל	ס	ע	ע	ש	ר
פ	א	ו	ר	פ	י	ו	ג	ת	י	ל	כ	ר	ב	ו
ר	ח	מ	נ	ס	ש	ו	ח	ל	פ	נ	ס	ו	ס	ה
ו	ל	ד	ו	מ	ה	מ	ם	ג	ה	מ	ג	ק	ט	י
י	ש	ל	נ	ע	נ	י	י	ת	ב	ו	י	מ	ו	ח
מ	ב	ב	מ	י	ר	ל	ת	ר	י	א	ע	פ	א	י
ו	ל	ס	ק	מ	ם	מ	ב	ת	צ	א	מ	א	ל	ד
ר	ג	ד	ם	ב	ע	ר	ת	ו	י	א	מ	ד	י	ת
ב	ח	ר	י	ח	י	ם	מ	ת	ל	מ	י	א	ע	צ
ן	ש	ת	ו	כ	פ	י	ה	א	ל	מ	ו	י	ע	ד

עפיפון
דוב
מקור
כאן
פחדנים
לסמוך
ספר
יציבה
מחשבון
יחידת

שבדור
כתגובת
בסדרת
דליפה
דבורה
עניי
שדון
מודל
לבשל
שיער

Puzzle 85

ב	ל	כ	א	ו	ב	ר	פ	ב	ל	ב	ד	ת	י	ם
צ	ב	ם	י	ל	ח	נ	ת	מ	י	ו	ח	מ	ד	ח
ח	ח	ו	צ	ת	ה	כ	ב	ו	ד	ש	ה	ב	ס	י
ר	כ	ב	מ	ת	ל	ת	פ	ו	ר	ג	ק	ו	ת	ר
נ	ד	ו	ה	מ	ק	ו	מ	י	י	ם	ב	ה	ו	ק
ו	מ	כ	ל	ן	ר	ד	ת	מ	ס	ת	ו	י	ל	מ
ד	ו	ו	ו	ס	ל	ד	ג	ו	ה	מ	ד	י	ל	א
ר	ו	ע	ה	מ	ס	ו	ג	ל	ל	ע	מ	ג	א	ש
ר	ע	ר	ד	י	ן	ב	ו	ה	ע	ז	ר	ה	כ	ס
ת	ל	צ	י	ל	ו	מ	י	א	נ	מ	פ	ע	מ	א
ע	ר	◌	ת	י	י	ן	י	ו	ח	ס	ד	ו	ה	ד
ן	ס	י	ו	ד	ד	ש	י	ע	ר	◌ָ	ו	ו	ג	ב
מ	י	ו	פ	צ	ב	ב	ג	ו	כ	ה	נ	ת	ש	מ
ה	ד	ר	ש	ב	א	ש	ע	י	ב	ף	ש	מ	ו	ס

שפות
הכבוד
מבודדות
הגייה
להמציא
מול
משתנה
מתנחלים
להסיר
שלי

מקומיים
צפוי
להקשיב
המסוגל
העזרה
דודו
דיון
לצילומי
בלבד
לתפור

Puzzle 86

מ	כ	ש	ה	צ	מ	ר	ה	מ	ו	ל	ו	ש	ח	ב
ד	ה	ת	א	י	ת	מ	מ	ד	ר	ש	ח	ו	ח	ם
מ	ב	ל	מ	ת	ב	ל	א	ד	ד	ל	נ	ר	ו	נ
ד	י	ל	ו	ע	ן	ה	י	ש	צ	ב	ן	ו	ל	ש
י	ת	ל	ב	ש	א	ר	א	ט	ו	ש	ו	ל	א	כ
י	ג	ט	ת	ב	ה	כ	ב	פ	ן	ו	מ	מ	א	ת
ק	ר	ם	ר	ר	א	ת	ר	ו	ה	מ	מ	ר	ד	ד
ת	י	י	א	ש	ל	א	כ	ל	ה	ר	ט	ש	מ	ה
ה	כ	ר	ת	ו	א	ן	ש	ו	ם	ת	ם	ם	ן	י
ר	ז	ב	י	ס	ב	מ	ן	י	ל	ח	י	ח	ד	ע
ו	ע	ח	ר	ו	ה	ט	י	פ	ש	י	ד	פ	ח	כ
ה	י	ו	ח	פ	ה	ל	ס	פ	ו	ג	ח	ו	ם	ר
ל	ר	א	ס	ת	ע	ח	מ	ס	מ	ה	כ	ד	ו	ר
ו	ה	ק	מ	ל	מ	ג	ו	ו	ן	ו	נ	ו	י	ד

להסתיר
נכחדים
חברים
מגוון
בחר
המשטרה
הבא
לתפוס
ואן
לוח

מהר
לשלב
דיונון
הבית
מושלם
לספוג
טיפשי
שיש
זעיר
מסחרית

Puzzle 87

ק	ע	ו	י	ל	ן	ל	ע	ה	מ	ו	ע	מ	ד	ק
ל	ו	ר	ו	צ	נ	ה	ח	ר	ן	ב	פ	ש	ו	ט
ת	ט	ר	ע	ב	ל	ת	י	ח	פ	י	ק	מ	מ	נ
ה	ס	ן	ב	י	מ	ח	י	נ	ו	ד	א	ע	ס	ו
ג	ק	ל	ה	פ	ו	ת	פ	ו	י	ה	ה	ו	ו	ע
ע	ט	ב	ש	א	ר	ן	מ	·	ל	ש	ר	ת	ד	ו
ו	ח	ק	ו	ב	נ	י	ת	ב	ש	ל	נ	י	ר	ן
ו	מ	ו	ל	צ	א	ן	ש	מ	ח	ב	ם	ת	ה	מ
א	י	מ	ת	ר	ה	נ	ב	ר	ש	ם	ל	ו	ע	ב
ו	כ	ח	י	מ	ם	י	ו	ת	ב	פ	ל	ל	ל	ת
ח	י	ב	ט	ח	מ	ג	ע	ן	ו	ק	י	ח	ר	ן
ו	ע	ר	ה	ב	ם	ם	ב	ש	ן	ת	י	ק	ט	י
ו	מ	ת	נ	ה	ר	י	מ	ל	ל	נ	ע	י	ם	ל
מ	נ	ת	ת	י	ר	ם	ד	ק	ו	מ	ה	ב	י	ת

ומסודר
בעולם
מחט
נאה
לשרת
חשבון
קטנוע
תיבה
טקסט
הקבוצה

מוקדם
מועמד
משמעותית
רעיון
אדוני
שבוע
מחבר
להתחתן
שליון
ערפד

Puzzle 88

ב	א	ל	ו	ה	ט	מ	י	ת	ר	י	ב	ר	ע	מ
צ	נ	פ	ל	נ	ט	ו	ת	ו	מ	ד	א	א	ר	ף
י	ב	י	א	ח	ח	ה	ו	ר	מ	ר	י	י	י	ה
י	ו	ו	ת	ת	נ	ק	ב	ו	י	ש	·	ד	ו	ד
ק	ח	ר	מ	ו	י	ן	י	ו	ל	ו	ר	י	ו	ו
ר	ק	צ	ח	מ	ו	ת	ד	ל	ל	נ	ו	ו	מ	א
ג	ג	ו	ק	ל	ה	ת	נ	ג	ד	ר	ר	א	ת	ת
מ	ת	ו	ר	ת	מ	ל	ו	כ	ב	ג	ו	מ	ט	א
מ	ה	ע	י	ק	י	ר	ו	מ	ר	כ	י	ב	י	ח
ה	ל	ע	ס	ע	צ	פ	ה	ם	ל	ה	ב	ש	י	ל
ן	ד	ט	ה	ק	ס	ר	פ	א	ז	א	מ	ו	ר	ו
מ	י	י	ר	ת	ת	ו	ח	פ	ל	א	ו	ת	י	נ
ר	ג	ו	ב	ח	ר	ך	ה	מ	ל	מ	ט	ה	ד	ש
ת	ה	ד	ר	ח	ס	פ	ד	ן	י	מ	ו	ר	א	ד

מרחק
מרכיב
אוויר
מאז
נדיבות
מטה
סחר
תחנה
שדה
קריסה

להתנגד
מערבי
נוחות
אפרסק
להבשיל
בוגר
פלנטות
התושב
דמות
לפחות

Puzzle 89

נ	ק	ח	י	כ	י	ו	ו	ת	ר	פ	מ	מ	ד	ה
ל	א	ו	מ	י	ר	ד	ת	ו	ל	ף	א	מ	מ	ב
ל	י	ע	ה	פ	ת	ע	כ	ב	ק	ו	ל	ט	ח	מ
ד	נ	מ	ו	ו	י	ן	ע	כ	ח	ח	מ	ו	ד	נ
ו	ר	ה	ט	ב	ע	ת	ו	ו	ש	ל	ר	ש	מ	פ
י	ו	ת	ק	ב	פ	ו	ב	א	מ	פ	ח	ר	ל	י
ד	ב	ש	ש	ה	ס	ב	ח	ו	נ	א	ש	ו	ב	ו
מ	ה	ז	ס	ב	·	ר	ו	ב	י	ל	ר	ד	ת	ל
ע	מ	ד	ו	ש	י	ו	ר	ת	ו	ד	ם	ת	ר	ד
א	ר	ש	י	ר	ס	ע	י	ו	ע	ש	ן	ת	מ	ל
כ	ו	ם	ו	י	מ	ם	י	ר	ב	ג	א	כ	מ	י
א	י	ב	נ	א	ה	ס	צ	ו	ש	ה	י	ו	ת	מ
ל	א	ט	ו	ק	ל	י	ו	י	ו	ה	ל	ס	ל	צ
צ	ו	ו	ת	ף	מ	י	ו	מ	נ	ו	י	ו	ת	ה

משלו
בחורי
בקול
בתורו
גברים
עשן
טניס
שחר
שקט
רוחב

צוות
עמדו
דורש
ילקוט
להמס
לחוף
בשר
מיומנויות
טבעת
משחק

Puzzle 90

ע	ח	ר	ק	מ	ב	ר	ר	ך	א	י	ו	א	ם	ה
ב	ו	ת	ר	ת	ה	א	ש	ו	מ	ת	י	ה	י	ש
ח	כ	ר	ק	ו	ת	ט	מ	ת	ו	ו	א	ל	ב	ש
מ	פ	ב	ש	ק	ו	ב	מ	ה	ן	ש	ו	ה	ן	י
ט	ש	ע	ר	ה	א	ס	י	כ	ן	י	ש	י	ש	ב
א	מ	ה	ר	ב	ה	ל	פ	ש	ו	ט	י	א	ר	ה
ן	ח	ף	פ	ה	י	ג	ל	ק	כ	פ	ר	ד	ל	ד
ן	ו	א	ד	ז	י	ר	ת	ו	נ	ו	ו	ן	מ	ו
ב	ה	ע	ו	ע	ר	ת	ת	ש	ל	א	ת	ל	כ	ג
ו	ס	ר	ד	א	פ	ל	מ	ו	ו	ן	ם	ו	ע	י
מ	ט	י	ד	ה	ס	נ	מ	פ	כ	י	י	כ	ר	פ
פ	ה	כ	ו	נ	ו	ע	ש	ל	א	י	א	א	ה	מ
מ	ת	ת	ש	ב	א	ל	י	מ	ל	ח	ס	מ	ח	מ
נ	ב	ו	ת	ו	ו	י	ד	נ	א	א	ד	ת	ה	ן

שירות
יתושי
אמון
לנכון
פעלו
מוכן
פשוט
כותרת
העברת
לאכול

לתרגל
מסעדה
מנסה
שפכו
ספרייה
ישב
כיס
לתת
פטרוזיליה
שקר

Puzzle 91

ת	ג	מ	ל	ד	מ	ה	ר	י	י	ע	ח	ה	כ	ו
ל	ל	ב	ל	י	ק	ע	ש	מ	ס	י	כ	ו	י	ח
כ	ק	ת	פ	ה	ל	צ	ה	א	ת	מ	פ	מ	מ	צ
ל	ז	ף	ו	ס	ח	מ	מ	ט	י	י	ד	ן	ו	ו
נ	ש	ק	צ	ע	ת	א	ק	ן	נ	פ	נ	ו	מ	ב
ד	ו	ל	ץ	ד	ן	ו	פ	פ	ל	מ	ה	ר	ע	ס
ו	א	ו	א	י	ד	ת	ב	ט	ו	ח	ה	ד	ד	ת
ד	י	י	ת	ם	צ	ד	ב	ה	ח	ג	ר	ס	צ	ד
ת	ו	ר	ק	ב	ו	ע	י	ו	א	ר	ע	מ	ם	ם
ר	ט	ת	ו	ר	מ	ל	ה	ו	מ	מ	פ	ב	ל	ה
ב	ח	נ	י	נ	ה	ח	ד	ש	י	א	ת	ו	א	ו
מ	מ	ס	ת	ח	ת	י	י	ד	מ	נ	ב	ע	ו	ר
ה	ע	פ	ר	י	ו	נ	ד	ל	ר	י	מ	ף	ד	ל
ט	ב	ד	ת	ל	ע	ת	מ	ב	נ	נ	ו	ר	ת	ת

במסדרון
קודם
לפוצץ
חדש
לקבל
השאיפה
נשק
סוף
חנינה
סערה

בטוחה
עצמאות
עיירה
מקלחת
פסנתר
למרות
סיכוי
מלפפון
דודת
קבוע

Puzzle 92

ב	ו	ב	ו	ה	פ	ו	ת	ו	כ	ב	ק	ש	ל	כ
מ	ל	ד	ו	ו	ה	ז	ג	ס	ס	פ	מ	י	ה	ו
ש	ם	י	ד	ו	ח	ו	פ	ש	ב	ה	ח	ן	ר	נ
ח	מ	ו	ן	ש	מ	ע	ט	ע	ב	ת	י	י	ו	נ
ק	א	נ	י	ו	י	ם	ד	ד	ת	א	כ	מ	ס	י
ש	ת	י	ז	א	נ	פ	ה	ו	ם	י	פ	ו	פ	ת
ק	ב	ת	ה	ח	ר	ת	כ	ר	ד	י	ר	ד	ו	ו
ה	ס	י	נ	י	ח	ל	ן	ל	ז	ר	ר	א	מ	מ
ר	נ	ח	ח	ד	ו	כ	ר	ו	ב	ח	ו	ג	פ	ו
א	מ	ח	י	ת	נ	י	ח	ב	מ	ן	ב	י	ו	מ
ש	ד	ה	ו	ב	ד	ד	ג	ג	י	ן	ל	ן	ס	א
י	ע	ר	ת	ב	א	א	ת	י	י	צ	ל	כ	ל	ה
ו	ן	ס	י	י	ע	ה	ת	ל	ח	ה	ה	ת	ו	י
ת	ר	ש	ד	ה	ב	ו	מ	י	י	ס	ו	י	פ	א

הרס
הנחיות
בחזרה
מבחינת
כוננית
כתר
זועם
בדיונית
גבול
קמח

ראשיות
אוגרים
אנפה
במשחק
חופש
כרוב
מדען
להרוס
מסכה
לציית

Puzzle 93

ק ר ן ח ת ד ף מ ח ק ר ר ן נ ת
ב א פ ס נ מ ם א ו ק מ ק י ר ו
ו ד א י ר י ס ע ש ל נ ת ו ד ה
ב נ ח ל י ל ה ר ת ה ו ר א ב ן
ר ף ך ל ש ת ל ה ן ז ו ג ל י ב
ל צ ג ע מ נ ו מ נ מ ת ת ס ב ל
נ ר ל ו ז ח ל ר ל י ט ו ח ח ד
מ ק פ פ ו ח ת ל מ מ ד ש י ת כ
ב ל נ ה ת ס ל ח ת י ב ע י מ א
א ו י ה ל י ע פ ה א מ נ ת י ע
ל ה ח ר ח א ו ח מ פ ן ו ה נ נ
ו י נ ב י צ ו ע י ם ב ה ל ה מ
ך פ ו ז ל ש ח ת ש ו ו ח א ב י
מ ו ת ל ו ב ת י ר מ י י נ ג ם

תחביב
הפעילה
ביצועים
זוג
חוט
רגליים
זברה
לבן
נמר
להתייחס

רשימה
לקרצף
הפועל
איריס
דאגת
מנומנמת
חנות
בבוקר
מחקר
מילת

Puzzle 94

נ	א	מ	ת	י	צ	ד	ש	א	י	נ	ק	ע	ג	י
ה	ש	נ	ו	ב	פ	י	ח	ש	נ	ב	ר	ו	ו	ד
ה	פ	י	ק	ו	מ	פ	ק	ט	י	ת	ת	ל	ד	מ
י	י	י	ס	י	ש	ב	י	ע	ה	ד	ל	ה	ו	ל
ש	ר	ר	ו	ר	ו	ן	מ	ל	ו	י	י	ת	ן	ר
ג	י	ג	ת	א	מ	ת	ו	כ	י	ש	ם	ת	ק	פ
י	ת	ל	ה	ת	ל	י	ב	ר	ו	ב	י	מ	ת	ו
ד	ר	ד	ל	מ	מ	י	ט	ש	ק	כ	נ	ש	פ	ר
א	מ	מ	ו	פ	ס	מ	ו	נ	ם	ר	פ	י	ר	מ
פ	צ	מ	ק	ב	ב	ר	כ	ת	ק	ח	ה	כ	ה	ת
י	ו	ל	ן	מ	ב	ב	ה	ד	ל	פ	ו	ס	ו	נ
ח	ת	ג	ב	ו	ר	ה	ו	ג	ל	ד	ב	י	ר	י
ן	ל	י	ו	מ	ך	י	י	ש	א	ם	ה	כ	ת	ל
ש	ג	ו	ש	ל	א	מ	ש	ל	ו	ן	ע	ש	ק	ה

בילתה
קומפקטית
יגע
יפה
ההישג
תוכי
קרה
התרסקות
לווייתן
כבשי

רפורמת
בברכת
עולה
שפירית
שייך
לחפש
הרפתקן
ברך
דפוס
למדי

Puzzle 95

◌	ו	ר	ת	ס	ת	ב	מ	ק	ל	ל	כ	ו	ד	ו
·	ס	ו	כ	ן	ו	פ	ב	ר	ה	י	ע	ב	ב	כ
י	ל	נ	כ	מ	ם	ו	ן	ו	ו	ט	ל	ש	ו	ש
ו	ה	י	ל	ר	ת	ו	ו	ו	ח	ך	ש	ש	פ	ו
י	ל	צ	מ	ת	ל	ט	מ	ל	ח	מ	נ	י	ו	ת
ל	ר	ה	ע	י	ב	ב	י	ו	י	ק	מ	נ	ו	י
פ	מ	ו	ט	ן	ח	ר	מ	ו	ו	ל	ד	ף	ת	ה
ע	פ	י	ת	א	ר	ש	ה	ו	כ	ס	ד	ע	ו	ת
מ	י	ה	י	י	ק	י	ת	ר	ה	ס	ו	ס	ח	א
א	ת	נ	ן	ם	ח	ו	פ	ו	ו	ב	ח	ב	א	ג
נ	ו	ד	ד	י	י	ס	ר	ח	י	ה	מ	נ	ש	ד
ש	ל	מ	ד	י	צ	ל	ח	י	ח	פ	ח	ב	י	כ
ו	ד	ר	י	ע	ד	ו	א	ה	א	ו	צ	ר	נ	ש
ח	ה	י	ל	כ	ל	ה	מ	ע	נ	י	י	ן	ו	ו

צינור
סוכן
מקל
סוס
סכנה
ציד
קרח
שבו
תוף
השראת

ללכוד
לחמניות
נברן
מחודד
המעניין
האוצר
מטלת
אחותו
למעט
בעיה

Puzzle 96

ב	ו	ב	ת	י	ב	ט	ט	י	י	ח	ע	א	ש	נ
ב	נ	י	י	ן	ו	פ	צ	ב	כ	ד	ו	ר	ת	ב
ו	מ	פ	י	ו	ט	ו	נ	ד	ר	י	ק	ן	ב	י
מ	א	ו	ב	ד	ל	ב	ד	ר	ר	מ	ש	ו	ל	ת
ת	ל	ו	ב	ל	ח	ר	ג	ש	פ	ל	ל	ה	א	א
כ	ו	צ	ז	ק	ו	ו	נ	ל	י	ת	ח	ר	י	ה
ר	ר	ו	ר	נ	מ	ח	מ	י	ו	ד	ן	ש	ד	ת
א	ל	ל	ו	ם	י	ו	כ	נ	ר	ת	ל	פ	נ	ד
מ	ש	נ	ל	א	ש	י	ר	ח	ו	ו	י	מ	י	ד
ש	ש	ל	י	י	מ	פ	ם	ו	א	ג	ח	ו	ג	כ
ל	ד	ד	נ	ו	ה	ו	ח	ש	ע	ב	ה	צ	ק	ל
ו	ע	צ	ד	ח	ח	ר	ל	א	ה	ק	ל	י	ת	ר
ה	ג	י	ח	י	ר	ם	י	ו	נ	מ	ז	נ	ן	ח
מ	ל	ו	ב	ד	ו	ש	ש	נ	ו	פ	ד	ש	מ	א

אוזניים
גמל
בצפון
נגד
תלמיד
להחיל
עבה
קצה
רוח
תלוש

כדור
ידני
כנרת
לשקוע
בניין
נואש
לשאול
מוחלט
לבדר
לדון

Puzzle 97

נ ט ל ה ת ף ת ו ש מ ה מ ט ב ע
א ב ה ח ח י ו א ע מ נ ט ה י ו
י מ י ו ק י ו ב ו א ק ל ם נ ג
כ ד ע ל ו נ ם א צ ם י ה י ת ר
י י ר ב ת ו ר ז ד א י ה מ צ ב
ר ת ה ב י ת ל ל ם ר ו ט ר נ ש
ק ב ל צ נ ת ו נ ת ל י י ו ך ה
ו מ ע ק ו ש ב ס ס פ י ש ג ל ד
ד א ר ח ף ג ג ו פ ל ה מ א ה ב
ה ו ב ו ב י ר ת ב ו ר ה ג ק א
ת ח ר ה י ם ס ר ל ר ב א ה ו י
ל ו ב ב ו י ך א ד ו נ ה פ ח מ
ר א ן ג כ ר י ש ת ן ר י נ ר ל
פ ח מ ן י ה ת ו ה ח ש ר ו ה א

טלה
גורמים
וניהול
בשוק
הרחוקה
רגוע
שבר
כרישת
המאה
אבדה

קאובוי
בלוטים
לנסות
לברך
המשותף
בירת
ושאר
הלך
זאב
טבע

Puzzle 98

כ	ם	ם	ה	מ	י	א	ת	מ	ו	ט	י	ה	ת	ד
א	ב	י	ב	מ	י	ו	נ	ח	ת	ת	א	ו	ע	פ
נ	ן	ר	ח	י	ר	פ	ש	ל	ו	י	ר	ת	ע	ם
ו	ו	ק	י	ל	ת	ו	ת	ש	ל	ו	י	ע	י	י
ד	ל	ח	נ	כ	ו	ו	ב	י	ר	ו	מ	ו	א	א
ן	ב	מ	ה	ו	ל	ה	כ	ע	נ	מ	ט	א	ב	מ
ם	ש	ב	ב	ל	ק	א	ר	א	ב	ר	ו	מ	א	נ
י	פ	ק	י	ה	ה	צ	י	א	ו	מ	ר	ג	ר	ן
נ	מ	ל	ח	ם	א	י	ל	מ	ש	ח	י	פ	ר	נ
ש	ה	מ	ה	ה	·	ל	ד	ל	נ	ח	פ	ת	מ	ה
י	ו	ט	י	ן	ג	י	מ	כ	נ	ו	ב	ר	ל	כ
י	ע	ר	מ	ר	מ	ת	א	י	ר	ק	ר	ר	ז	ה
ב	פ	ק	ו	ה	ן	ח	ה	ו	ס	ח	ב	ר	ג	ח
א	ן	ר	א	ת	ם	ו	צ	י	ש	ב	מ	ו	א	מ

בלון
דור
חשמלי
ביישנים
במחקרים
כדי
האצילית
הקלות
לשפר
קריאת

רכבת
אומר
היקפי
החיבה
הבחינה
מתאימה
מרובע
ולשתות
בפירוט
לכול

Puzzle 99

נ	מ	ם	מ	י	ל	ר	ה	ר	מ	ק	ח	ש	ק	ל
י	פ	ל	ש	ט	ו	ת	ם	ק	ק	ת	ר	ב	מ	א
ס	ת	ז	פ	ם	ה	ד	ה	ו	ו	ל	ש	י	א	י
י	ח	י	ט	ת	י	ר	י	ע	ר	ת	ם	ד	כ	נ
ו	פ	ח	י	פ	ו	ו	י	ל	ר	א	ד	ח	ש	י
ן	ל	י	ל	צ	ד	ש	פ	ג	צ	ב	ע	י	ם	נ
א	מ	ב	ב	ע	ל	ק	א	ל	ה	ו	ב	ר	ע	כ
פ	י	ו	ר	י	ש	ל	ע	ו	ג	נ	ב	ט	ו	פ
ח	ס	ר	ת	י	ט	ל	ה	ג	ו	ג	ע	ח	ח	י
ת	א	ב	ן	ח	ו	ו	ה	ו	ט	ל	י	ג	ת	ל
ב	ס	ס	ס	ל	ף	י	ן	י	כ	ד	צ	ד	ו	ו
ר	ר	כ	ו	ק	ו	ת	נ	ב	צ	ח	מ	ר	ב	ל
י	י	ז	י	ת	ש	ס	פ	ק	י	נ	נ	ף	מ	ו
ן	ו	ה	א	ח	ן	י	ב	ה	ל	ה	י	כ	נ	ס

גדר
לגלוג
אפייה
מפתח
ניסיון
לפת
קשור
משפטי
להבין
בצורה

חיבור
הערב
צבעים
להיכנס
שלווה
חסרת
לשטוף
לשטות
לגנוב
בעל

Puzzle 100

א	א	פ	ר	ו	פ	י	ר	פ	ה	ע	מ	נ	מ	ט
ו	ו	ז	י	ק	ל	ב	ו	ה	צ	א	ת	נ	ם	ז
ט	ת	ו	ק	ח	ל	נ	ע	ל	נ	ה	פ	נ	י	ל
ר	ה	ל	י	א	מ	מ	נ	ה	ג	נ	ו	ר	ב	צ
י	ה	מ	ר	נ	מ	י	◌	פ	ו	ו	ת	ט	ש	א
ס	מ	כ	ו	ו	ת	א	י	ר	ב	ח	ו	כ	ו	ך
ב	צ	ם	ו	כ	ס	י	ו	ש	צ	י	ח	א	ח	א
ע	ב	כ	ר	ת	ש	נ	ד	ן	א	ם	ש	ת	ר	ם
ו	י	א	ס	ד	מ	ח	נ	ל	ב	ס	ל	ת	ן	ב
ע	ב	נ	ד	י	י	ת	ר	ע	י	ה	ר	י	ק	ח
א	ם	ו	ל	ו	כ	א	ס	ו	ט	ר	ב	י	ח	ו
ו	ר	ס	ל	ל	ם	ס	י	ו	ע	ו	ע	א	ש	ו
ל	נ	ף	י	ד	י	ב	י	כ	ל	מ	י	ג	ם	י
ח	ח	ן	י	ט	ו	ל	ח	ל	ה	א	פ	ר	ו	א

מנהג
חקירה
שרפה
עצלנית
מאי
נעל
זירת
פני
סכום
המצב

לחלוטין
ילדי
חושבים
נוחים
נוסף
אמורה
נחמד
לחקות
שחקן
לשחות

Puzzle 1

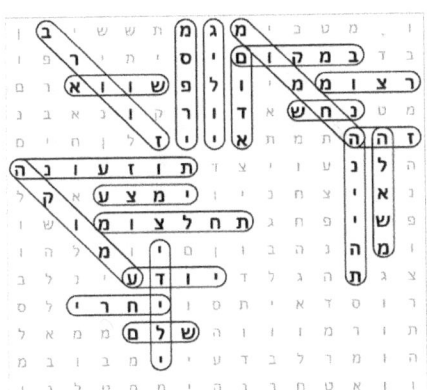

Puzzle 2

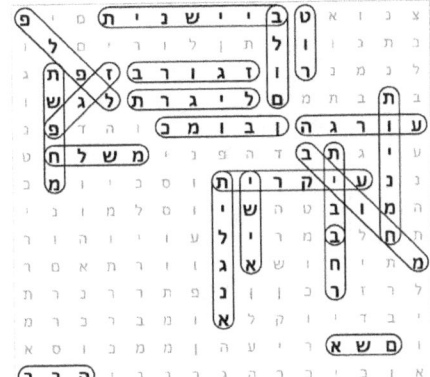

Puzzle 3

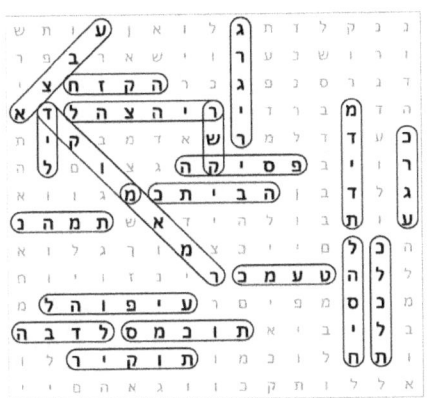

Puzzle 4

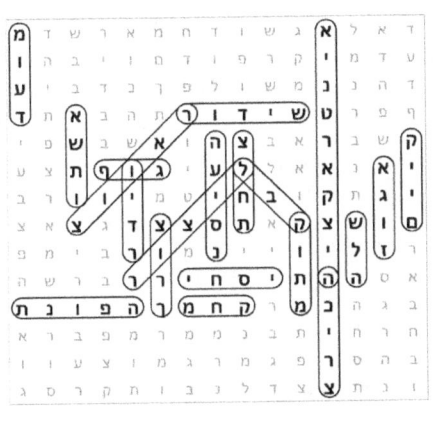

Puzzle 5

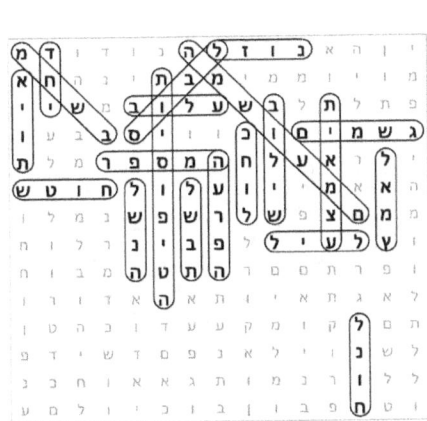

Puzzle 6

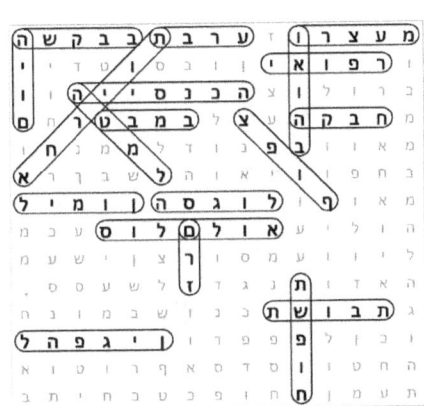

Puzzle 7

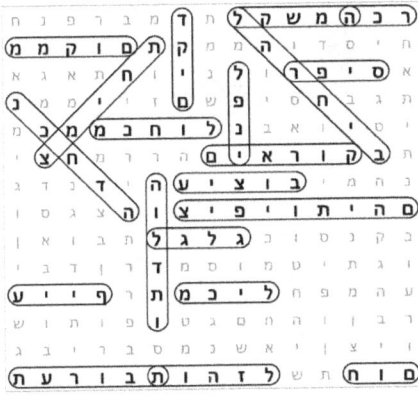

Puzzle 8

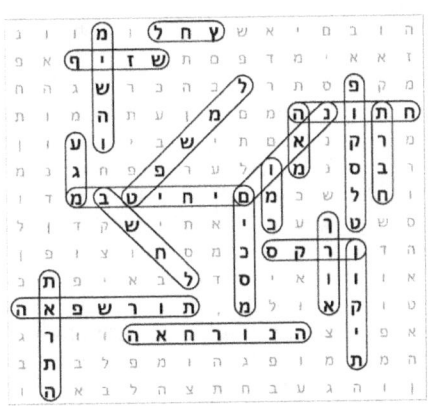

Puzzle 9

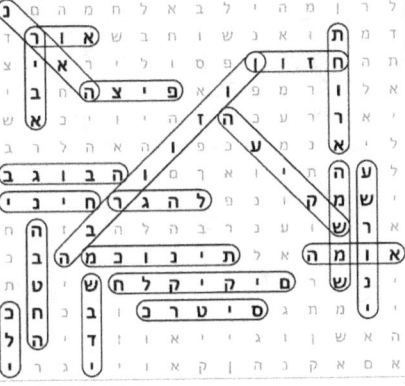

Puzzle 10

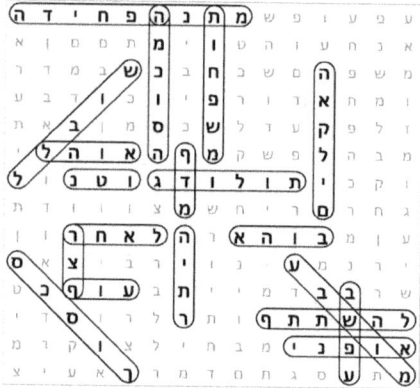

Puzzle 11

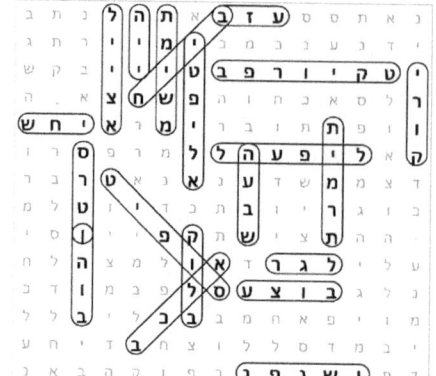

Puzzle 12

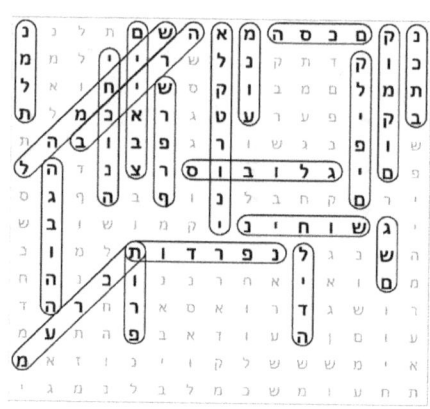

Puzzle 13

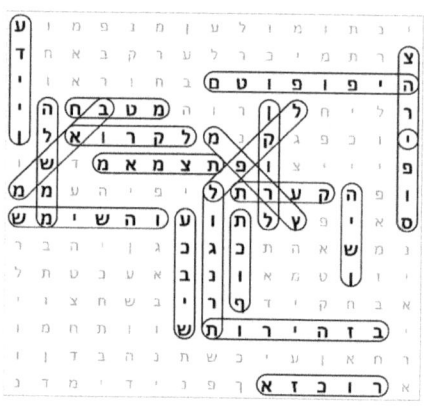

Puzzle 14

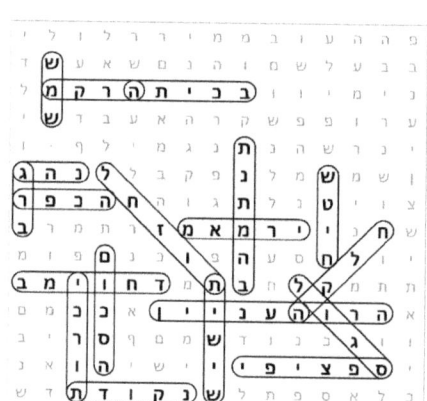

Puzzle 15

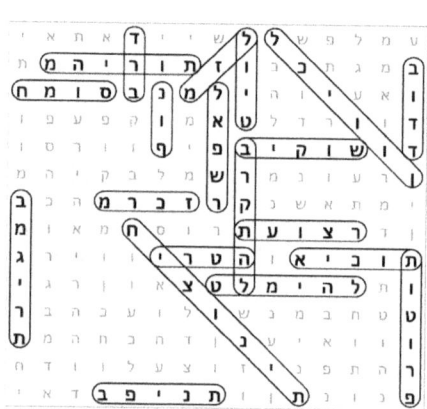

Puzzle 16

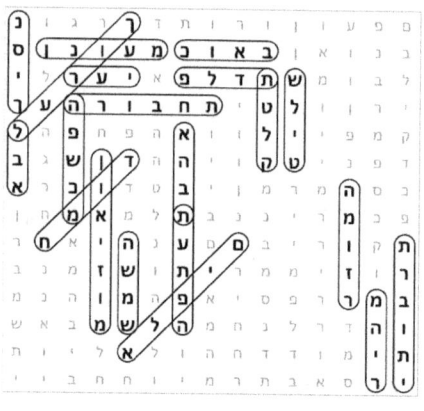

Puzzle 17

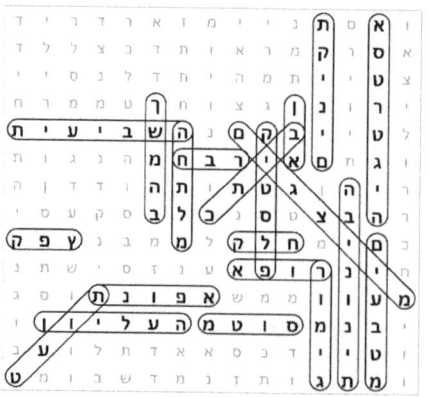

Puzzle 18

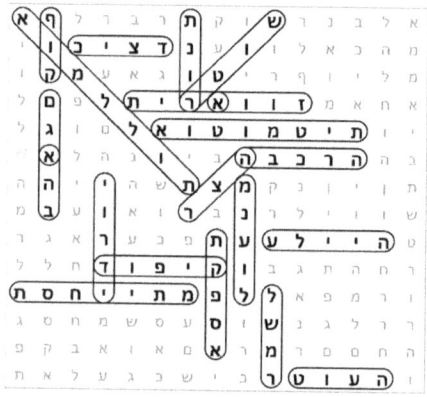

Puzzle 19

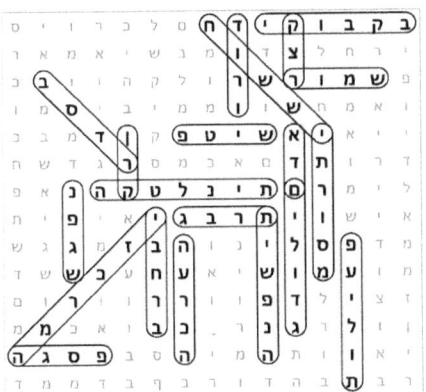

Puzzle 20

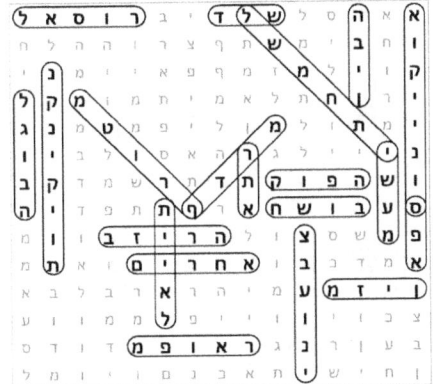

Puzzle 21

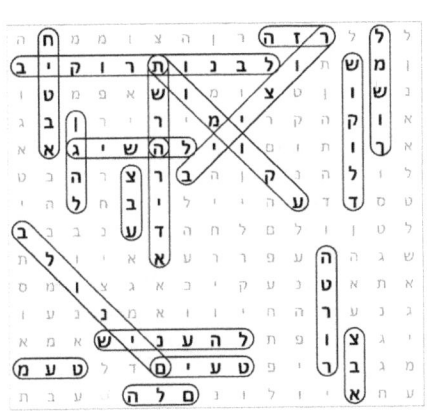

Puzzle 22

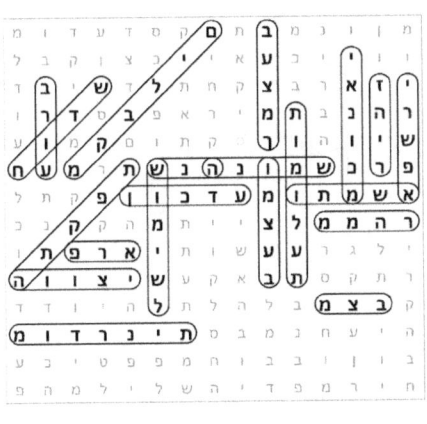

Puzzle 23

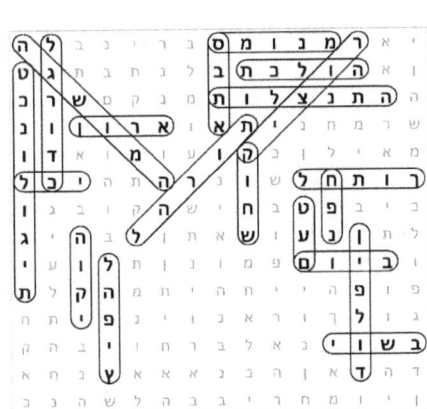

Puzzle 24

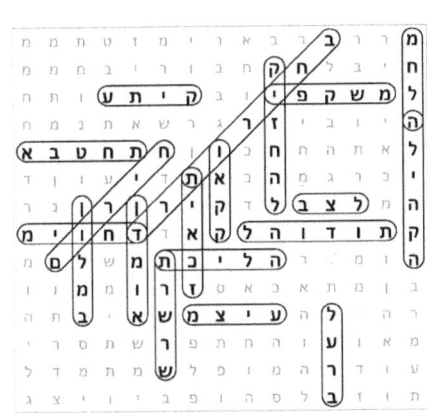

Puzzle 25

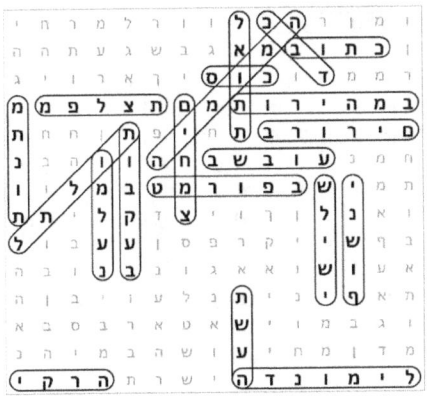

Puzzle 26

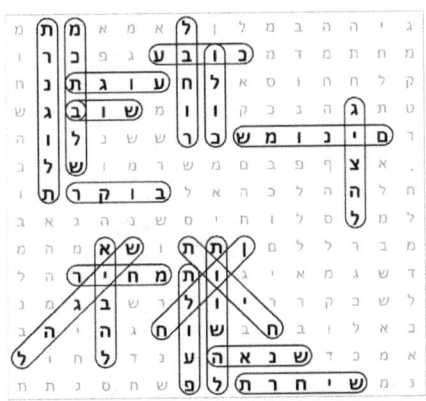

Puzzle 27

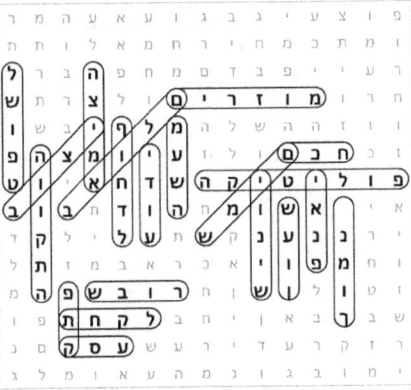

Puzzle 28

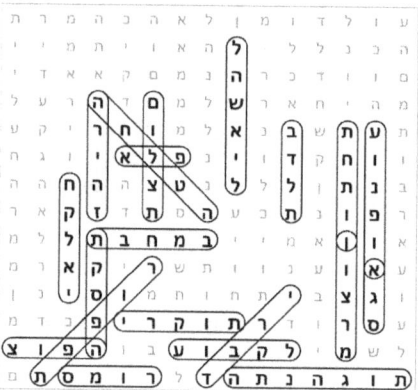

Puzzle 29

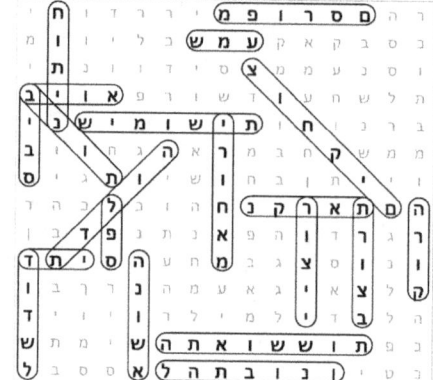

Puzzle 30

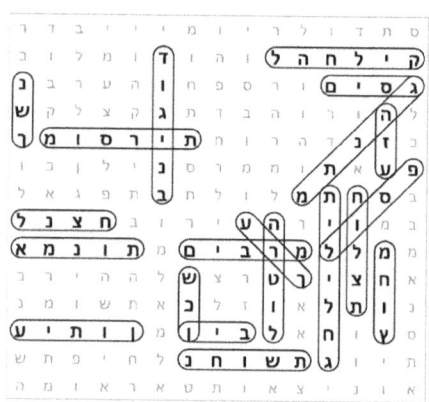

Puzzle 31

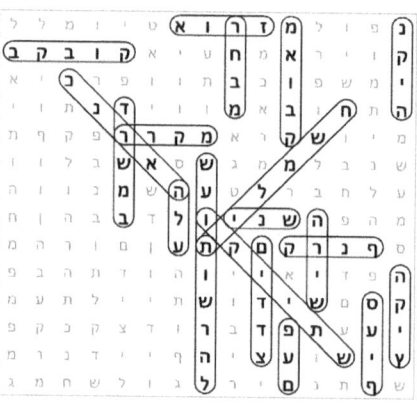

Puzzle 32

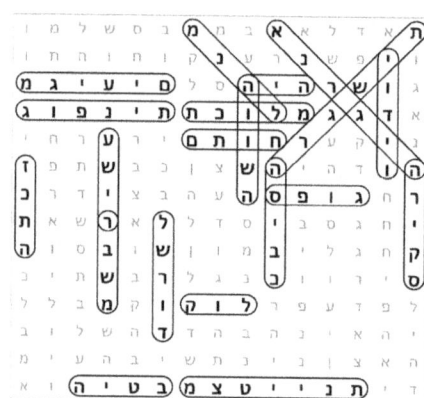

Puzzle 33

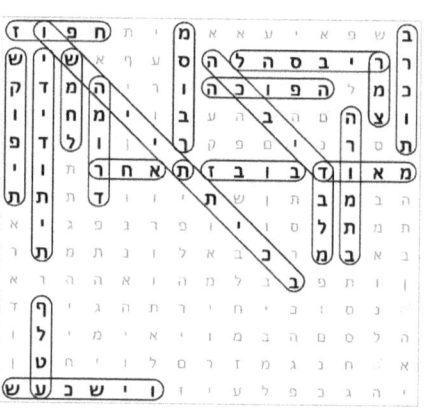

Puzzle 34

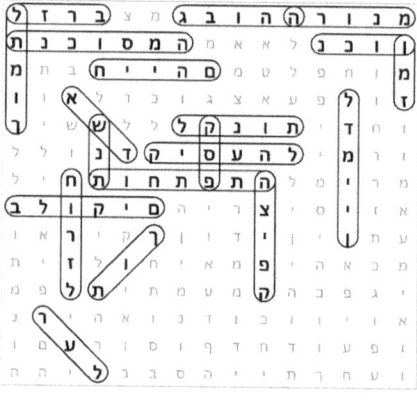

Puzzle 35

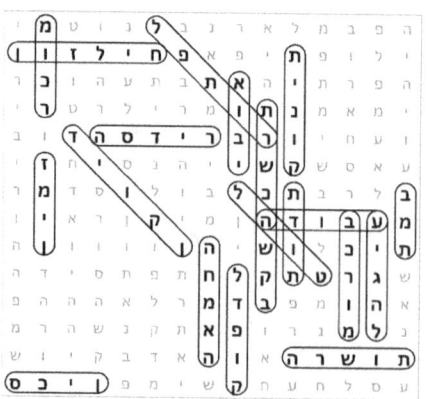

Puzzle 36

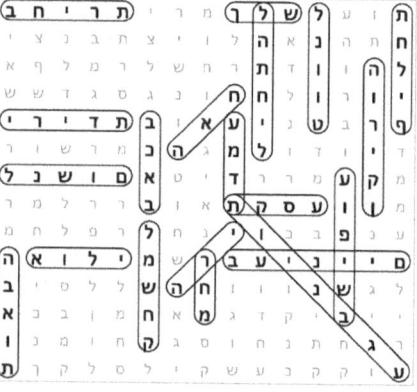

Puzzle 37

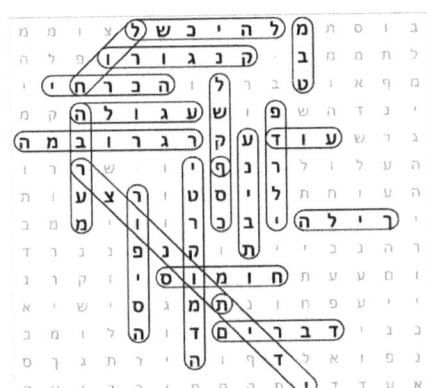

Puzzle 38

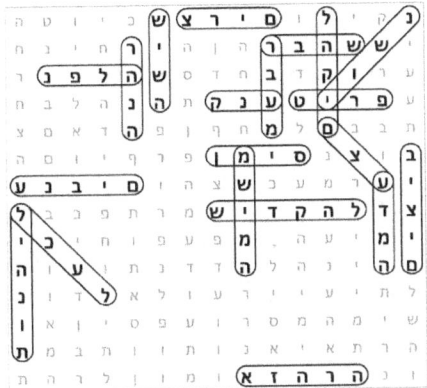

Puzzle 39

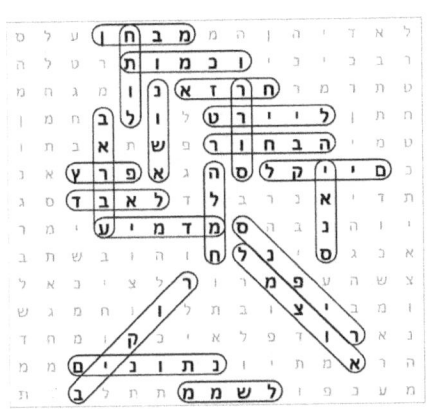

Puzzle 40

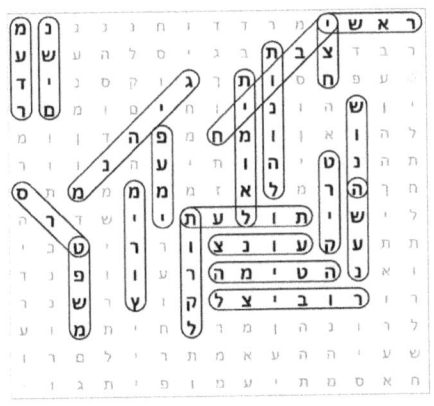

Puzzle 41

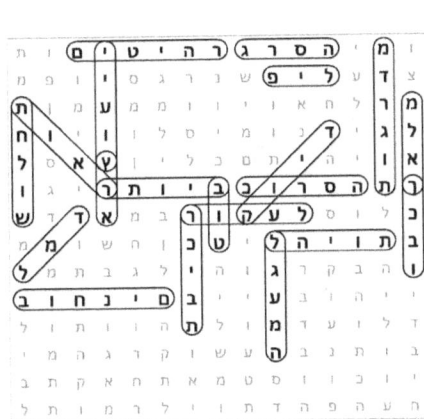

Puzzle 42

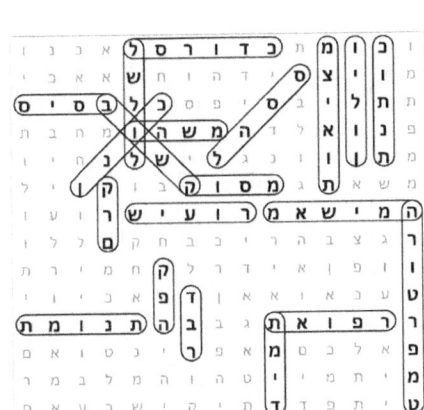

Puzzle 43

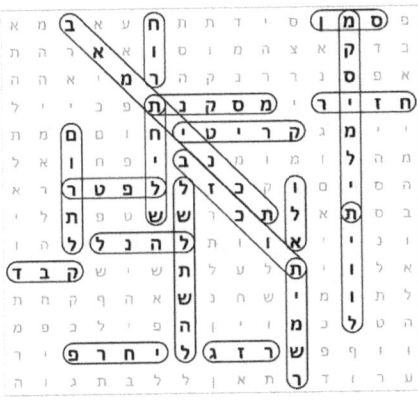

Puzzle 44

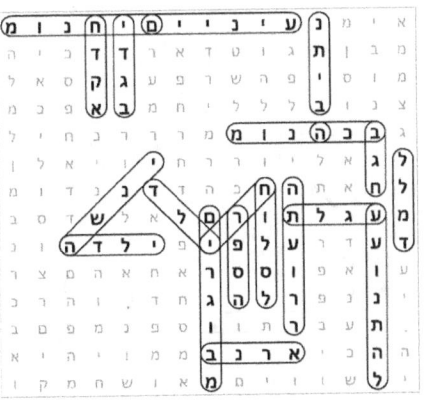

Puzzle 45

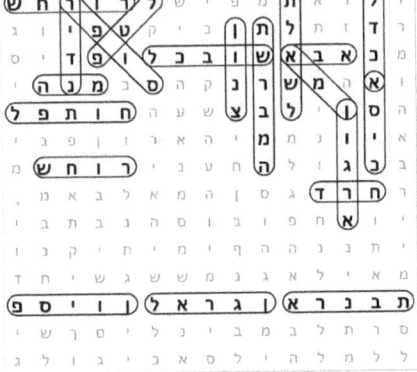

Puzzle 46

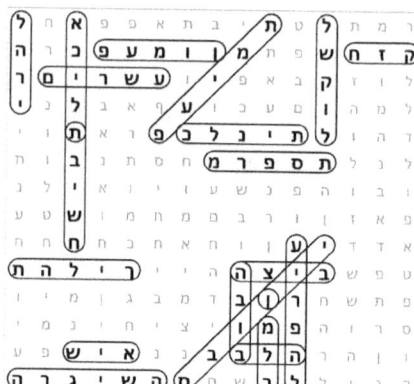

Puzzle 47

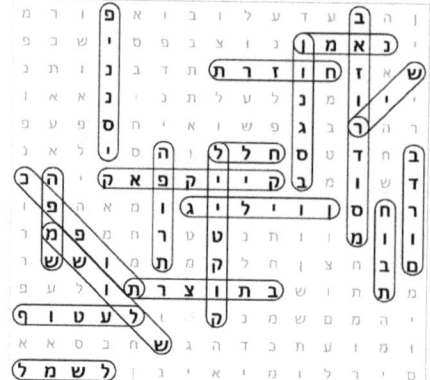

Puzzle 48

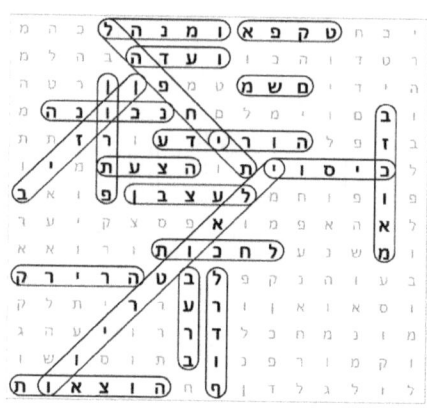

Puzzle 49

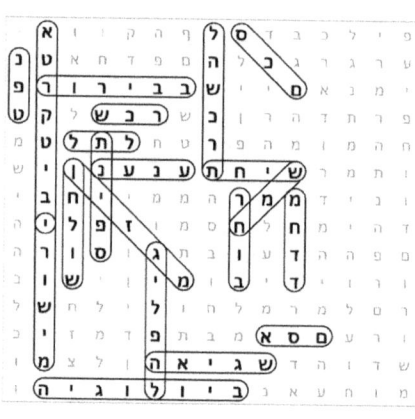

Puzzle 50

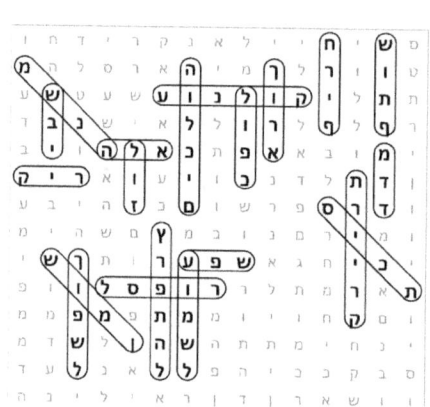

Puzzle 51

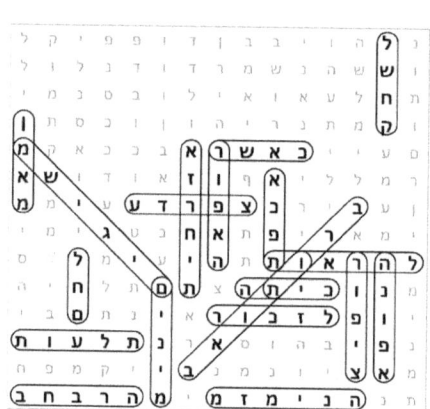

Puzzle 52

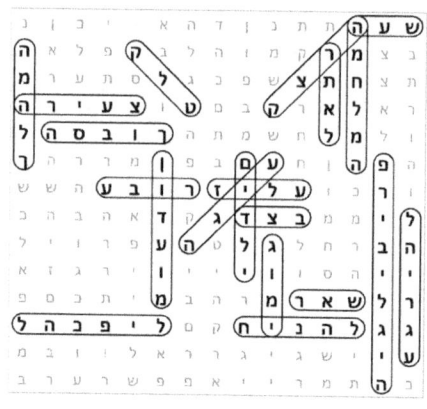

Puzzle 53

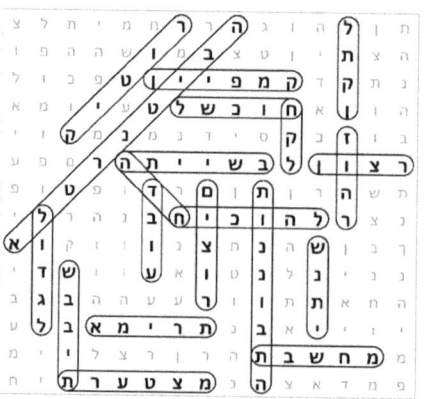

Puzzle 54

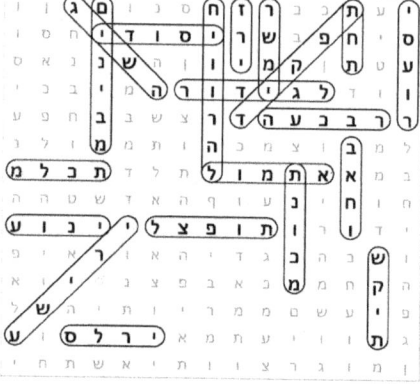

Puzzle 55

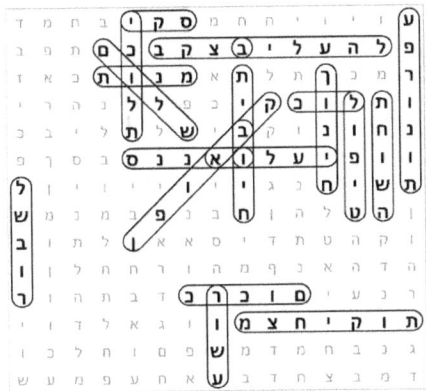

Puzzle 56

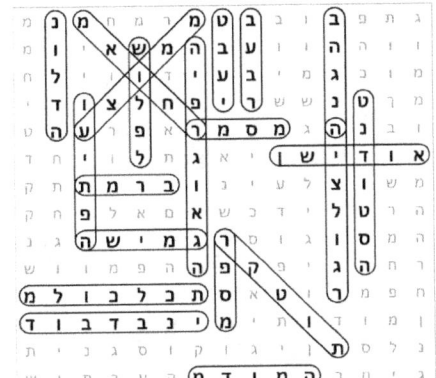

Puzzle 57

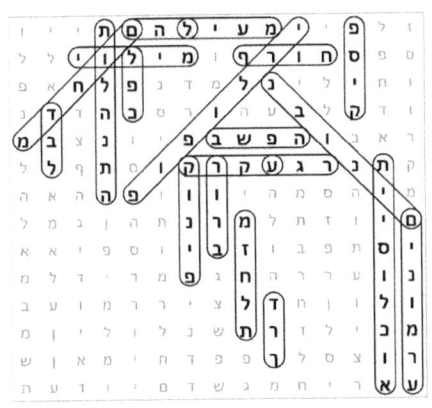

Puzzle 58

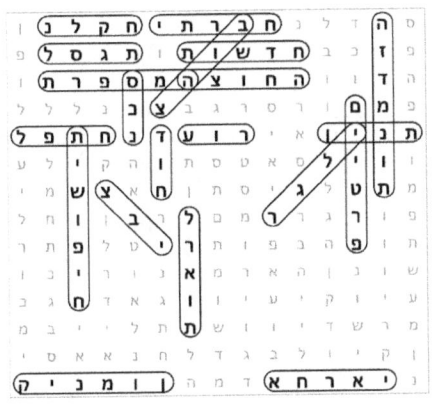

Puzzle 59

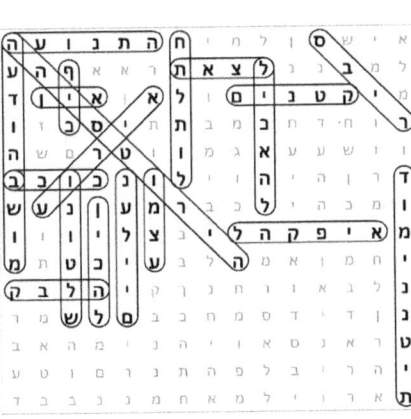

Puzzle 60

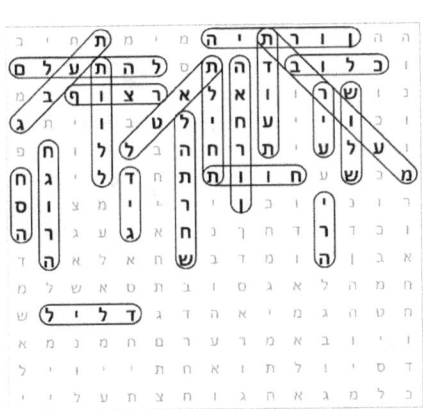

Puzzle 61

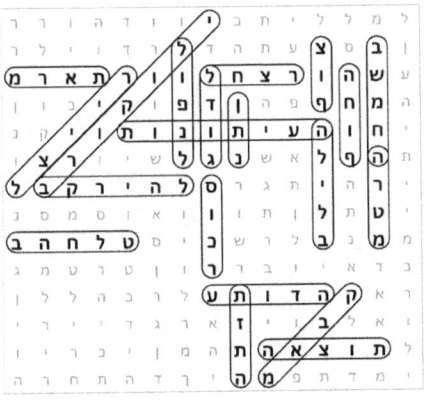

Puzzle 62

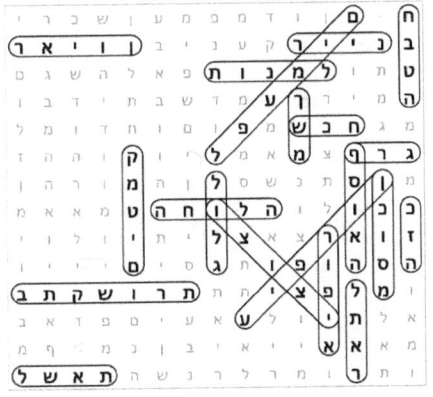

Puzzle 63

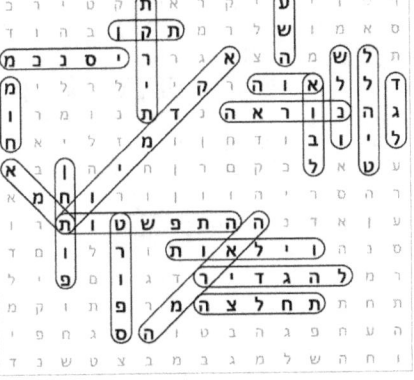

Puzzle 64

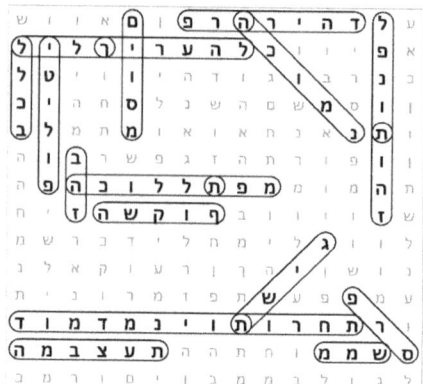

Puzzle 65

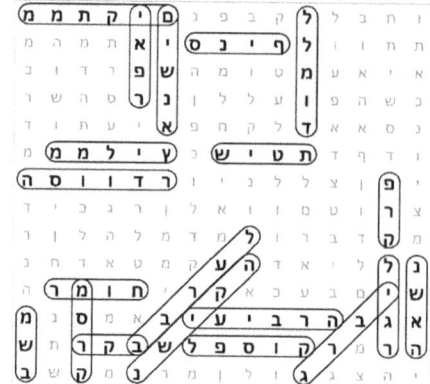

Puzzle 66

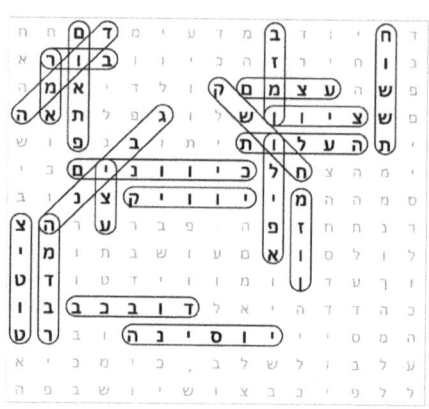

Puzzle 67

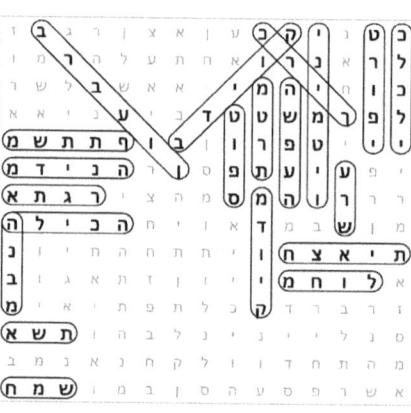

Puzzle 68

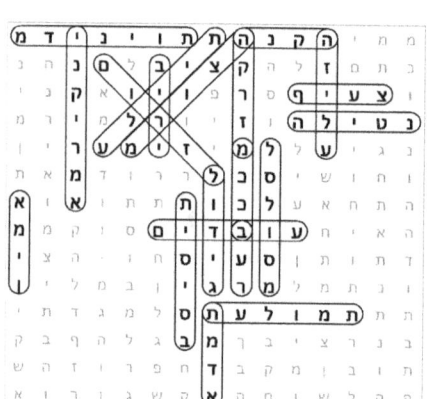

Puzzle 69

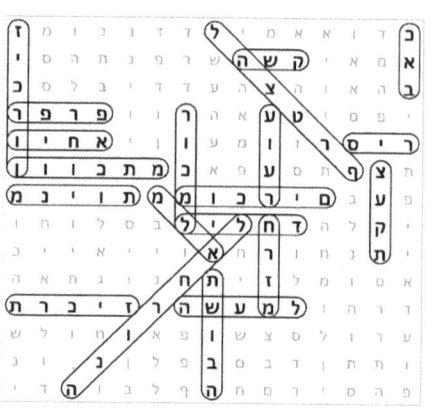

Puzzle 70

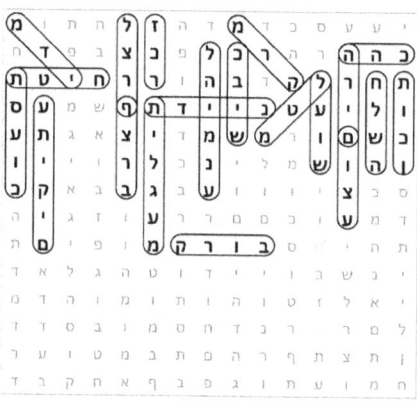

Puzzle 71

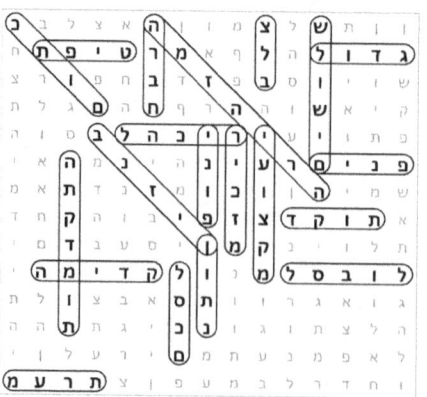

Puzzle 72

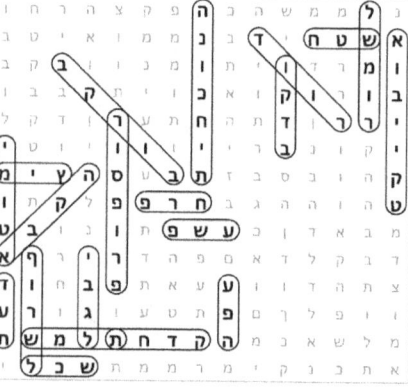

Puzzle 73

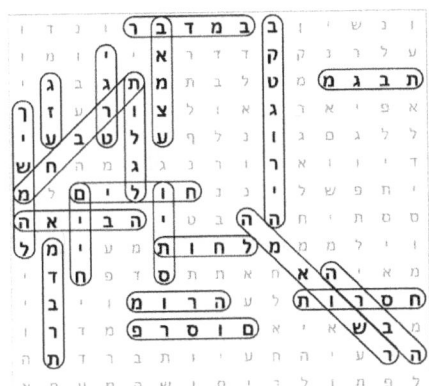

Puzzle 74

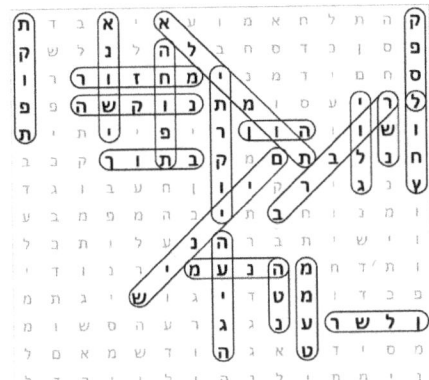

Puzzle 75

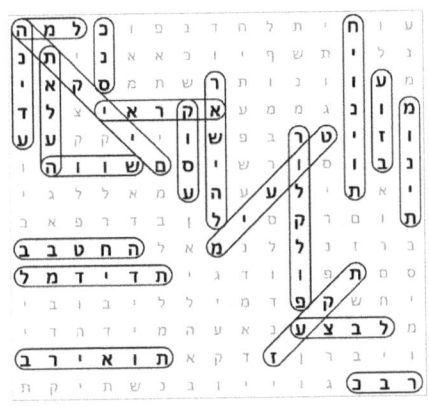

Puzzle 76

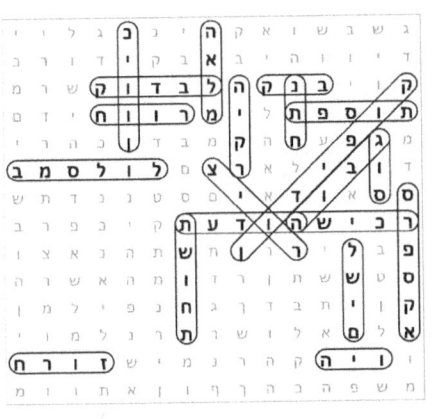

Puzzle 77

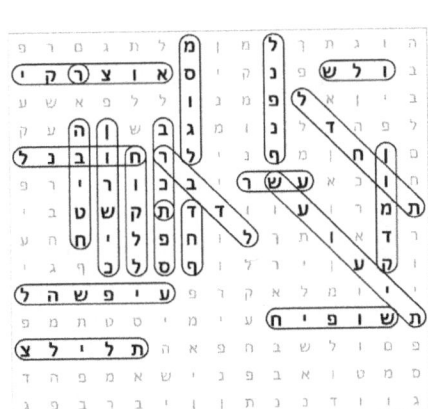

Puzzle 78

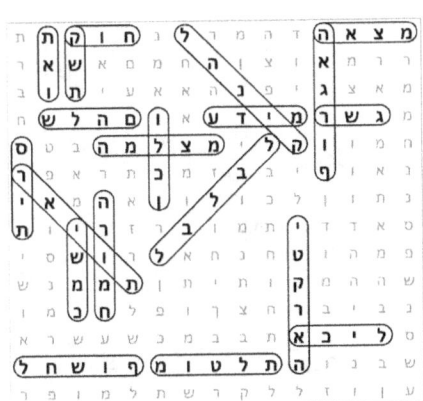

Puzzle 79

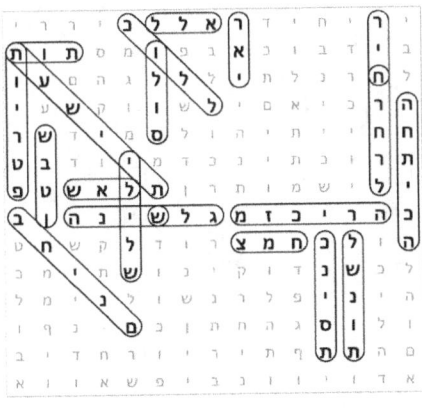

Puzzle 80

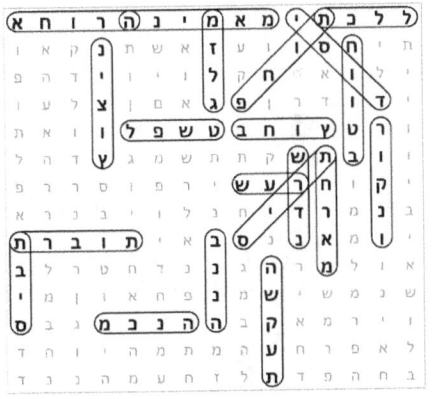

Puzzle 81

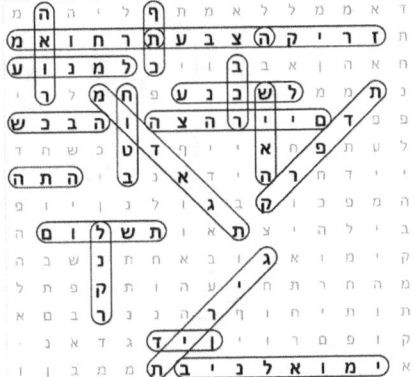

Puzzle 82

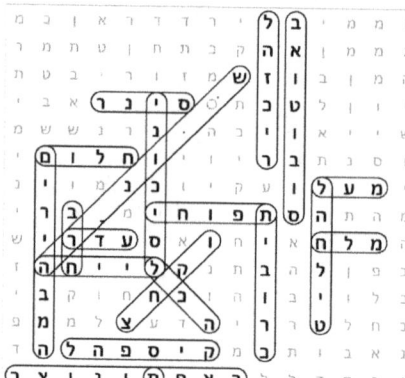

Puzzle 83

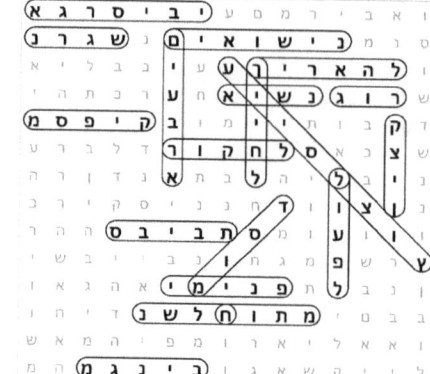

Puzzle 84

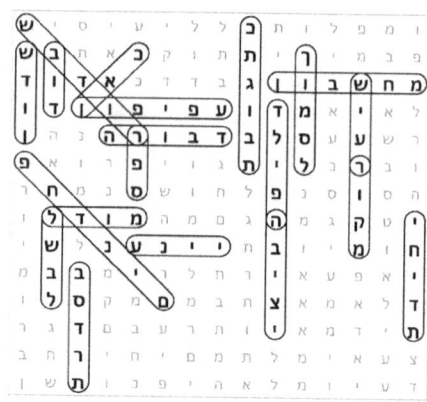

Puzzle 85

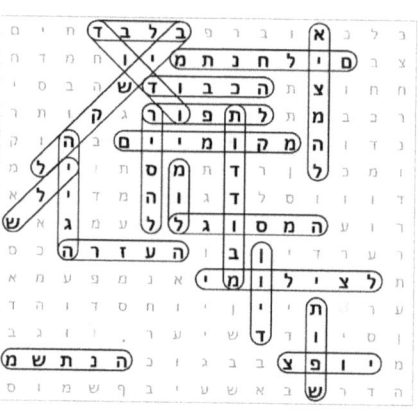

Puzzle 86

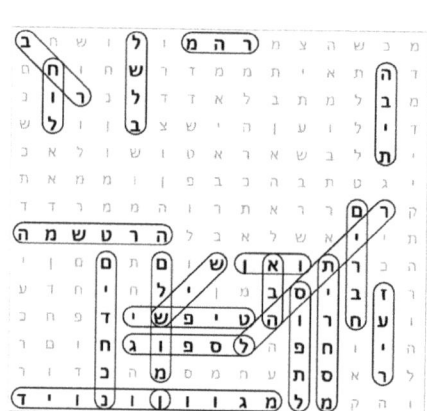

Puzzle 87

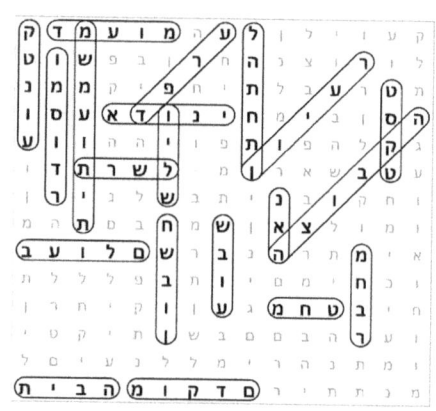

Puzzle 88

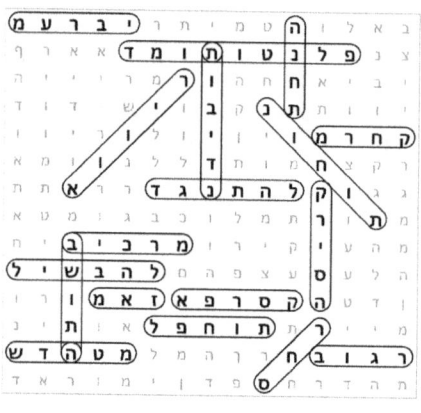

Puzzle 89

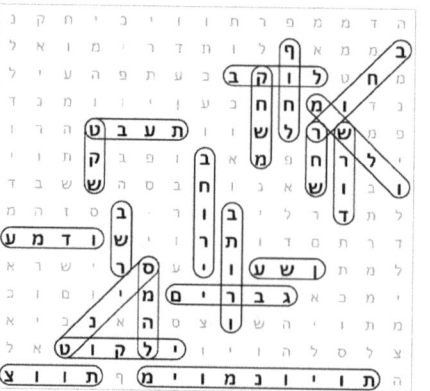

Puzzle 90

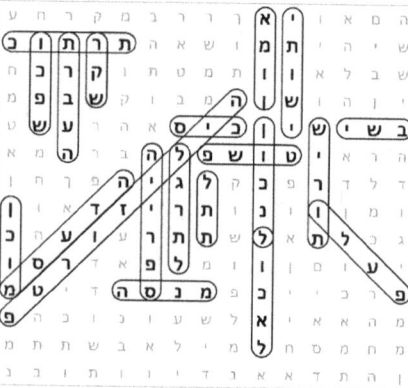

Puzzle 91

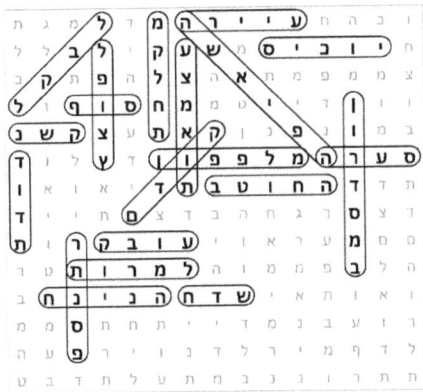

Puzzle 92

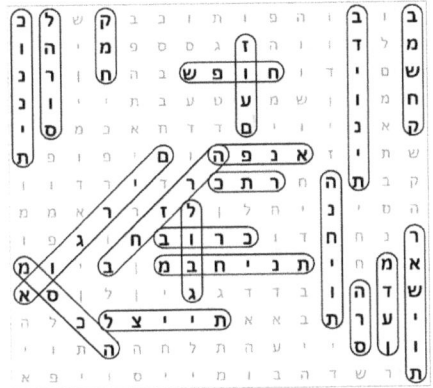

Puzzle 93

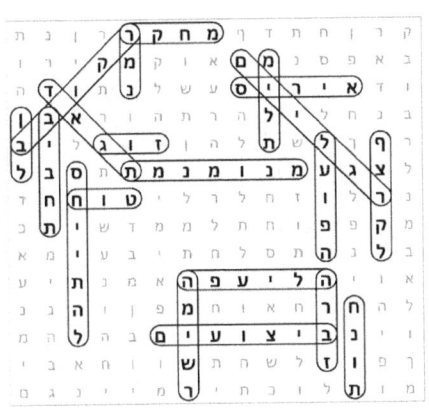

Puzzle 94

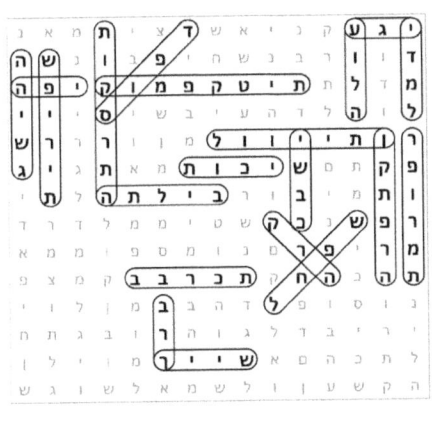

Puzzle 95

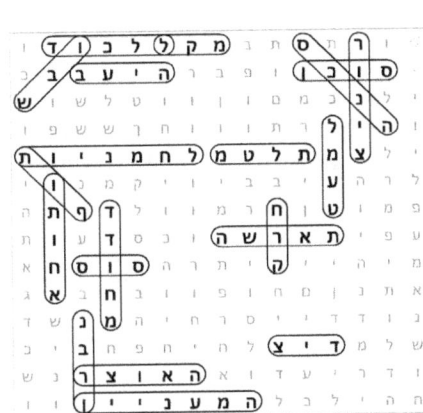

Puzzle 96

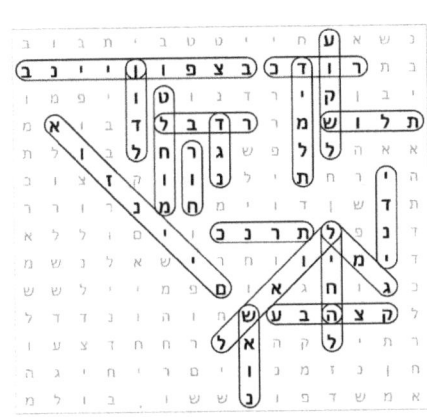

Puzzle 97

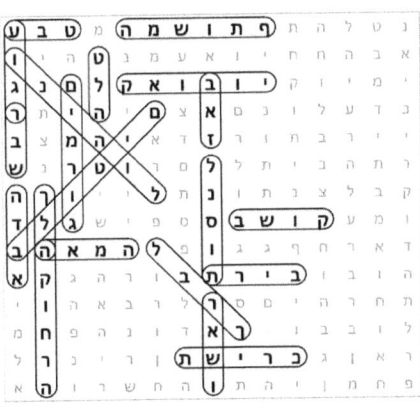

Puzzle 98

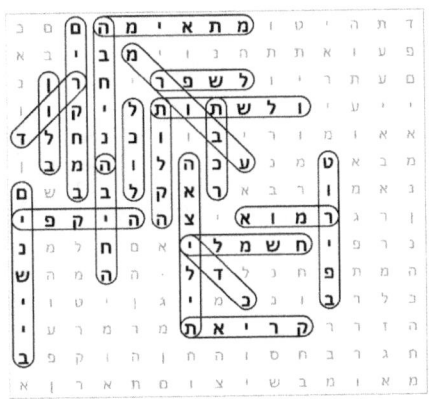

Puzzle 99

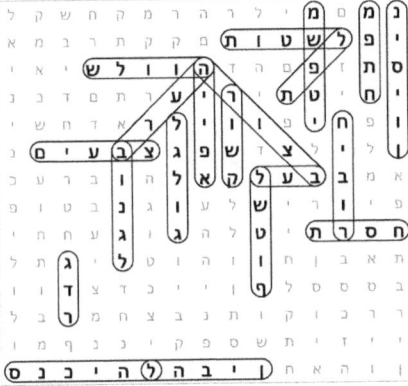

Puzzle 100

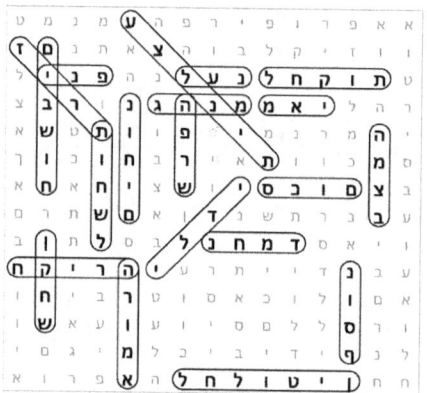

Congratulations

You made it!

We hope you enjoyed this book as much as we enjoyed making it. We do our best to make high quality games.

These puzzles are designed in a clever way to actively spark the brain and make it sharp and quick!
Did you love them?

A Simple Request

Our books exist thanks to the reviews you post on Amazon. Could you help us by leaving a review now?

Here is a short link which will take you to your Amazon orders review page.

BestBooksActivity.com/Review50

MONSTER CHALLENGE!

Challenge #1

Ready for Your Bonus Game? We use them all the time but they are not so easy to find. Here are **Synonyms**!

Note 5 words you discovered in each of the Puzzles noted below (#21, #36, #76) and try to find 2 synonyms for each word.

Note 5 Words from *Puzzle 21*

Words	Synonym 1	Synonym 2

Note 5 Words from *Puzzle 36*

Words	Synonym 1	Synonym 2

Note 5 Words from *Puzzle 76*

Words	Synonym 1	Synonym 2

Challenge #2

Now that you are warmed-up, note 5 words you discovered in each Puzzle noted below (#9, #17, #25) and try to find 2 antonyms for each word. How many lines can you do in 20 minutes?

Note 5 Words from **Puzzle 9**

Words	Antonym 1	Antonym 2

Note 5 Words from **Puzzle 17**

Words	Antonym 1	Antonym 2

Note 5 Words from **Puzzle 25**

Words	Antonym 1	Antonym 2

Challenge #3

Wonderful, this monster  challenge is nothing to you!

Ready for the last one? Choose your 10 favorite words discovered in any of the Puzzles and note them below.

1.	6.
2.	7.
3.	8.
4.	9.
5.	10.

Now, using these words and within a maximum of six sentences, your challenge is to compose a text about a person, animal or place that you love!

Tip: You can use the last blank page of this book as a draft!

Your Writing:

Explore a Unique Store
Set Up **FOR YOU!**

MEGA DEALS

BestActivityBooks.com/**TheStore**

Designed for **Entertainment**!

Light Up Your Brain With Unique **Gift Ideas**.

Access **Surprising** And **Essential Supplies**!

CHECK OUT OUR MONTHLY SELECTION NOW!

- Expertly Crafted Products -

NOTEBOOK:

SEE YOU SOON!

Delta Classics Team

BESTACTIVITYBOOKS.COM/FREEGAMES